KB188765

버티다 보면 괜찮아지나요?

버티다 보면 괜찮아지나요?

나를 지키며 성장하고 싶은 직장인을 위한 마음 상담소

황준철 지음

저녁달 ☽

현재가 행복하지 않다면
미래의 행복을 장담할 수 없다

2024년 6월 기준 대한민국의 경제활동인구는 약 2,976만 명이다. 이 중 25세 이상인 경제활동인구는 약 2,232만 명이다. 물론 우리가 생각하는 직업과 직장의 형태가 다양하겠지만, 대부분의 사람이 일이라는 삶의 테두리 안에서 살아가고 있다는 말이다. 당연히 일은 삶에 있어서 가장 중요한 일부가 될 수밖에 없다. 이렇게 우리의 가장 많은 시간, 공간 그리고 에너지를 소비해야 하는 영역이기에 그저 흘러가는 대로 내버려두는 것이 아닌 철저한 대비와 함께 전략적 접근이 필요하다. 왜냐하면 우리가 그렇게도 바라는 행복이란 우리의 삶을 통해 나타나기 때문이다.

직장인을 대상으로 심리상담과 코칭을 진행하다 보면 그저 열심히, 주어진 것에 최선을 다하자는 생각으로 직장 생활을 하고 자족하는 경우를 종종 보게 된다. 그런데 최선을 다해 열심히 살고 있음에도 삶이 늘 불안하고 두려운 직장인이 많아지고 있다는 사실이 안타깝다. 우리가 생각하는 최선이라는 논리가 1980년대나 1990년대 초반까지는 통했을지 모른다. 하지만 '평생직장'의 개념이 무너지고, 급격한 사회의 변화와 함께 100세 시대라는 수명 연장의 현실 앞에서는 더 이상 통하지 않는다. 그저 최선을 다하는 직장 생활이 최고라고 할 수 있는 시기는 너무나 먼 옛날이 되어버렸다.

그러다 보니 우리가 소위 말하는 'MZ세대'는 이미 변화의 논리를 생존이라는 논제 앞에 받아들이고, 회사가 아닌 나를 중심으로 사고 체계를 전환시키고 있다는 느낌이 든다. 삼포세대, 오포세대의 의미는 그런 그들이 현실에서 갖지 못할 것에 집중하기보다는 내 삶에 가치를 부여한다는 의미로 받아들일 수도 있다. 그들에게는 혼란과 변화가 현실이기 때문에 생존과 직결되어 본능처럼 받아들이고 있다는 것이다.

물론 그들도 아직 사회 초년생으로 경험도, 인맥도, 전문성도, 전략도 부족하기에 선배나 전문가의 조력과 지지가 끊임없이 필요하다. 사회 초년생들을 상담하다 보면 참 다행인 것은 '잘살고 있는 걸까? 잘 성장하고 있는 걸까?' 하는 고민 때문에 찾아오는 자기 점검성 상담이 많다는 것이다. 기성세대가 새로운 세대를 그렇게 걱정하지 않아도 그들은 그들만의 세계를 만들어갈 것이라고 확신한다.

더 큰 문제는 아직도 과거에 머물러 있는 기성세대의 직장인에게 있다고 할 수 있다. 성장 과정에서 좋은 대학, 좋은 회사를 목표로 하는 입시 위주의 교육 공식 속에 무언가 스스로 결정하고 헤쳐나간 경험이 그렇게 많지도 않았다. "조금만 참아. 그러면 네가 하고 싶은 건 다 할 수 있을 거야."라는 회유에 속아 성장과 발달을 미루다 보니 어느덧 서른이, 마흔이, 쉰이 되어버렸다. 조금만 참으면 하고 싶은 것 다 할 수 있을 거라는 유혹은 새로운 경험을 통해 세상을 더 넓게 보고, 더 깊이 생각하게 하는 심리적 성장의 가능성을 차단함으로써 직업과 직장 그리고 진로를 바라보는 인지부조화 Cognitive Dissonance를 만들어버렸다. 그러다 보니 빠르게 변화하며 바뀌어버린 세상 그리고 더 빠르게 변해갈 미래가 두렵고 불안할 수밖에 없다.

직장이, 세대가, 전문성이 변하기 시작했다. 삶을 대하는 방식도, 태도도, 전략도 급격히 바뀌고 있다. 이러한 흐름 속에서 사회 초년생부터 산전수전 다 겪었다고 자부하는 고연차 직장인들까지 가치의 혼란을 심각하게 경험하고 있다.

세대 간의 차이를 어떻게 극복해야 하는지, 변해가는 조직 문화와 경영전략에서 어떻게 성공적으로 생존할 것인지, 직장 그리고 그 이후의 삶은 어떻게 대비해야 하는지, 빠르게 변화하는 시장 논리에서 나의 시장가치와 전문성은 어떻게 관리해야 하는지…. 정답이 없는 것 같은 고민 속에 시간만 흘러가는 것이 야속하게 느껴지기도 한다.

우리는 '미래'라는 단어 앞에 '불확실한Uncertain', '알 수 없는Unknown', '예측 불가능한Unpredictable' 같은 수식어를 붙이곤 한다. 이러한 수식어를 기반으로 생각해보면 우리가 경험하고 느끼는 불안과 두려움은 당연한 것일 수도 있다. 영국의 정신분석학자이자 대상관계이론Object Relations Theory의 창시자인 멜라니 클라인Melanie Klein은 '생존'과 '두려움'을 하나의 고리로 규정했다. 생존에서 나오는 아주 자연스러운 현상이라는 것이다.

그렇기에 어찌 보면 미래를 정의하는 단어 앞에 직장인들이 우울하고 불안하고 두려운 것은 당연하다. 문제는 인간이기 때문에 생존을 위한 불안과 두려움에 머물러야 한다는 것이다. 생각이라 착각하는 많은 고민에 시간과 에너지를 소진해버리는 것이 아닌, 불안과 두려움의 실체를 파악하고 이를 이해하고 관리하기 위한 여정을 이제 시작해야 한다.

나는 직장인의 이러한 삶의 여정에 조금이나마 조력하는 전문가가 되기 위해 불안과 두려움 그리고 우울이라는 주제를 가지고 25년 동안 학교와 직장과 사업이라는 테두리 안에서 학문적이며 경험적인 연구를 진행해왔다. 스스로를 '직장으로 간 심리학자' 혹은 '응용심리학자'라고 브랜딩하고, 직장인이 직장 안에서든 밖에서든 조금 더 전략적으로 행동하며, 현재를 포기한 미래가 아닌 현재에 충실한 미래의 행복을 만들어가는 과정을 함께해나가려고 한다.

『직장으로 간 심리학자』는 이러한 작업을 위한 첫 번째 시도로써 직장인의 일과 삶의 주제를 전반적으로 다루었다면, 『버티다 보면 괜찮아지나요?』에서는 직장인이 일과 삶에서 경험하고 갈등하며 해결하고 싶어 하는 구체적인 질문들을 찾아 이를 심리적 기반과 함께 정리해보았다.

우리는 종종 미래를 위해 현재를 포기하는 선택을 한다. 하지만 현재를 포기하면 미래는 없다. 지금 조금만 참고 더 노력하면 미래가 행복하고 편안할 거라는 자기최면이 어떤 면에서는 맞는 말일 수도 있지만, 현재가 행복하지 않다면 미래의 행복을 장담할 수 없다. 그만큼 많은 것을 잃어야 하기 때문이다. 그래서 혼란과 갈등을 겪고 있는 우리의 직장인들은 현재와 미래가 모두 행복할 수 있는 전략을 만들고 실천해야 한다. 이러한 삶을 만들어가기 위해『버티다 보면 괜찮아지나요?』가 여러분의 일과 삶에 좋은 길잡이가 되기를 기원한다.

2024년 가을
황준철

목차

1장

이렇게 버티는 게
맞나요?

2장
취직만 하면
끝인 줄 알았는데요

3장 — 좋은 리더가 될 수 있을까?

4장   이 회사 계속 다녀도 될까요?

1장

이렇게
버티는 게
맞나요?

매사에 불평불만이 많은
동료 때문에 미치겠어요

　같은 팀에서 일하는 동기가 있는데, 대화의 주제는 늘 회사의 비합리적인 의사결정 방식이나 회사 직원들에 관한 험담입니다. 업무에 관해서만 불만이 있는 게 아니라 세상의 모든 일이 마음에 안 드는 것 같아요. 늘 부정적인 태도로 대하는데 도대체 왜 그러는 걸까요? 한두 번도 아니고 날마다 그럽니다.

　팀이 다 같이 점심을 먹는 분위기라 혼자 빠지는 건 눈치가 보이기도 해서 어울리고 있는데, 휴식 시간마저 쓸데없는 곳에 에너지가 쓰이니 퇴근하고 집에 오면 완전히 지쳐버리고 맙니다. 이런 상황을 잘 해결할 지혜로운 방법이 있을까요?

2007년 한국에 출간된 존 고든Jon Gordon의 『에너지 버스』라는 책을 보면 우리의 에너지를 빨아먹는 '에너지 뱀파이어'라는 표현이 나옵니다. 에너지 뱀파이어는 상대의 정서적 에너지를 가져가버리기 때문에 우리는 특별한 이유 없이 부정적인 감정에 전이되고, 좌절감을 경험하며, 스트레스에 시달리게 됩니다. 이런 사람이 주변에 많으면 많을수록 긍정적인 기분과 에너지를 뺏기니 점점 피곤해집니다. 에너지 뱀파이어의 특징 중 하나가 바로 늘 불평불만을 쏟아 놓는다는 것입니다.

　　직장 생활을 하다 보면 이런 유형은 늘 있습니다. 언뜻 사람 좋아하는 것 같고 활발해 보이는데 하는 말이 대부분 회사에 대한 불만이나 동료에 대한 이간질, 마음에 안 드는 상사 욕, 심지어 우리나라 사회에 대한 욕입니다. 답답하고 걱정스럽고 우울한 이야기만 하는 거죠. 직장이라는 테두리 안에 있으니 어쩔 수 없이 관계를 맺고 대화하다 보면 한두 번이야

그러려니 하고 넘어간다 해도 부정적인 영향을 받을 수밖에 없습니다. 그래서 그 사람과 이야기하고 돌아서면 가슴이 답답해지고 우울한 기분에 사로잡히게 되죠. 그 부정적인 감정들을 내 마음에 담지 않으려고 노력해도 쉽지 않았을 거예요.

부정적인 대화는 스트레스 호르몬인 코르티솔의 분비를 증가시켜 우울, 불안 등의 회로를 활성화시킵니다. 이러한 회로가 활성화되면 우리의 뇌는 위협을 대비하기 위해 몸과 마음의 에너지를 준비시킵니다. 그러다 보면 긴급하지 않은 상황임에도 의도치 않게 많은 에너지를 소비하게 되죠. 결론적으로 누군가의 짧은 불평불만은 내가 비축하고 있는 에너지의 일부를 급격하게 소진시키고 부정적 감정을 강화시킴으로써 삶의 질이 낮아지게 만듭니다. 게다가 불만을 쏟아내는 그들은 해결책을 제안해도 듣지를 않습니다. 대화의 목적이 문제를 해결하는 데 있지 않거든요. 그러다 보니 직장 생활이라는 게 업무만으로도 힘든데 괜히 더 에너지가 고갈되는 것처럼 느껴졌을 겁니다.

그들이 불평과 불만을 입에 달고 사는 이유는 다양하겠지만 일반적으로 삶에 대한 좌절감과 불만족, 낮은 자아존중감과 효능감, 우울이나 불안 등으로 인한 정서적 스트레스 때문인 경우가 많습니다. 조금 더 깊이 들어가면 부모의 양육 태도 등 학습과 경험으로부터 형성된 성격 그리고 이로 인한 의사소통 방식에 원인이 있는 경우도 흔합니다. 어릴 때부터 고착화된 삶의 가치와 기준으로 인한 내적 갈등과 불안을 타인이나 환경을 향한 비난, 불평불만 등으로 표출시킴으로써 피해자의 입장을 취하는 것이죠.

다시 말하면 조금이라도 편안한 마음 상태를 유지하기 위한 자기방어라고 할 수 있는데, 심리학에서는 이러한 자기방어 기제를 '투영'이라고 합니다. 여기서 투영은 '내적 갈등의 원인을 타인이나 외부 환경으로 돌려 현실을 왜곡하거나 책임을 회피함으로써 나의 감정이나 행동을 보호하는 행위'라고 할 수 있습니다. 그 동료는 자신의 내적 갈등과 불안한 정서 상태를 보호하기 위해 투영 기제를 사용한 것이죠.

투영이라는 자기방어 기제를 삶의 전략으로 선택했다는 것은 그만큼 평가에 취약했고 정서적 지지 자원이 부족했기 때문이라고 추정할 수 있습니다. 더불어 불평과 불만이라는 언어 패턴이 고착화된 것은 부모의 양육 태도로부터 기인했을 가능성이 높습니다. 자녀의 행동에 대한 기준 없는 비교, 칭찬에 인색한 양육, 부족한 능력에 대한 지적, 강압적 훈육은 성장기 자녀의 자신감과 자존감을 바닥으로 떨어뜨립니다. 결국 자녀는 자신이 부족한 사람이라는 현실을 견딜 수 없어서 조금이라도 마음의 편안함을 찾기 위해 생존 전략을 선택하게 되는 겁니다. 더불어 양육 주체자의 입에서 무의식적으로 흘러나오는 사람, 현상, 환경에 대한 부정적 인식과 표현은, 투영이라는 자기방어를 생존 전략으로 삼은 이에게는 너무나 학습하기 쉬운 언어 습관이었을 겁니다.

이렇게 동료의 행동에 대한 원인은 찾아보았지만, 우리가 그 사람의 태도를 바꿀 수 있을 것인가는 또 다른 문제가 되겠죠? 그 사람이 구축한 투영이라는 자기방어 기제가 더 이상 자신의 마음을 편안하게 할 수 있는 전략이 아니라는 것을 스스로 깨닫고 자발적으로 심리상담이나 도움을 받지 않는다면 상황이 변하지는 않을 겁니다.

우리가 할 수 있는, 가장 효과적이고 중요한 방법은 그 사람과의 적절한 경계, 즉 바운더리Boundary를 설정하는 것입니다. 2가지 경계를 설정해야 하는데, 바로 물리적인 경계와 정서적인 경계입니다. 그 사람이 불평불만을 할 만한 상황이 예상되고 동일한 패턴이 반복될 것 같은 기미가 보인다면 되도록 물리적으로 만나는 기회를 최소화하는 수밖에 없습니다. '내가 왜 그렇게까지 해야 하나?'라고 생각할 수도 있겠지만, 에너지 뱀파이어는 가능한 한 피하는 게 최선입니다. 점심시간에는 도시락을 싸서 따로 먹는다거나 외부 약속을 잡는 등 한두 번 팀 점심 모임에서 빠져보는 것도 시도해보길 바랍니다.

그럼에도 회사 업무 등으로 자주 볼 수밖에 없는 관계이니 반드시 정서적인 경계도 만들어야 합니다. '저 사람 또 저러네.' 하며 그저 들어주다 보면 기가 빨리는 상황이 반복됩니다. 회사 동료와는 적당한 거리가 있는 정도의 친밀감만 유지하면서 얇은 관계를 맺는 것이 낫습니다. 그러니 정서적인 경계를 설정하는 것에 너무 부담을 느끼지 않으면 좋겠습니다.

　　경계를 형성할 때 과격할 필요는 없지만, 그 사람의 불평불만에 대해서는 확실한 거부한다는 분위기를 만들어야 합니다. 부정적인 말이 또 시작될 것 같다 싶으면 최대한 빠르게 대화의 방향을 내가 원하는 쪽으로 전환하며 주도권을 가지고 오는 겁니다. 그날의 가장 흥미로웠던 뉴스나 날씨 이야기도 좋습니다. 불평불만의 패턴을 끊을 수 있다면 어떤 주제도 사실 상관은 없습니다.

　　또한 그 사람이 던지는 불평과 불만, 부정적인 말과 태도에 동의하지 않는 자세와 표현도 필요합니다. 눈을 맞추지 않거나, 휴대폰을 만지작거리는 등 다른 행동을 함으로써 대화를 듣기 싫다거나 관심이 없다는 태도를 지속적으로 보여주는 것입니다. 더불어 꼭 필요하다고 판단될 때는 정중하지만 단호하게 말할 수 있겠죠. 다른 주제의 대화를 할 때는 잘 들어주되, 어떤 사람이나 주변 환경에 대한 부정적인 이야기는 더 이상 듣고 싶지 않다고 표현하는 겁니다. 여기에서 중요한 것은 그 사람의 말과 행동이 잘못되었다는 식으로 말하는 것이 아니라, 상황이 반복될 때마다 느끼게 되는 나의 스트레스와 에너지 소진을 막기 위해 부탁한다는 태도입니다.

내 의사를 전달했을 때 어색한 분위기가 만들어질까 봐 걱정이 되거나 앞에서 말한 두 방법이 모두 통하지 않고, 그럼에도 내가 통제할 수 없는 상황에 반복적으로 노출될 수밖에 없다면, 듣지만 듣지 않는 태도, 들어도 부정적인 감정에 동화되지 않는 방법을 연습해서 적용해보길 추천합니다.

여기서 듣지만 듣지 않는 태도란, 누가 무슨 이야기를 할 때 듣는 태도만을 보여주고 실제로는 듣지 않는 것입니다. 눈을 바라보고, 고개를 끄덕이며, 손을 모아 상대방에게 몸의 방향을 맞추지만 실제 머릿속으로는 딴생각을 하는 거죠. 일에 대한 생각, 가족과의 추억, 오늘 해야 할 것 등을 머릿속으로 정리하고 있지만 태도는 경청하는 것처럼 보이게 하는 것입니다. 상대의 이야기를 잘 듣고 있는 것처럼 인식되기에 태도상의 문제는 없고, 실제로는 듣고 있지 않기 때문에 부정 감정에 동요되지 않고 에너지 소진이나 감정의 기복을 최소화할 수 있는 방법입니다. 처음에는 어색하기도 하고, 듣지 않기 위해 노력하다가도 어느새 그의 이야기에 동화되는 모습을 보이기도 하겠지만, 익숙해진다면 아주 좋은 해결책의 실마리가 될 수도 있을 거예요.

어떤 관계는 명쾌하게 선을 긋는 게 정답입니다. 상대방에게 애매하게 대화의 여지를 주면 계속 기가 빨리고 피곤해지는 상황에서 헤어날 수 없습니다. 불편한 사람을 잘 대처하는 것에는 나의 용기와 노력이 많이 필요하겠지만, 결국 힘든 상황에 큰 도움을 줄 겁니다.

2

일이 너무 재미없고
피곤하기만 합니다

저는 40대 중반이고 회사에서는 중간관리자로 일하고 있습니다. 요즘 제 동료들이나 비슷한 연차의 주변 사람들을 보면 대부분 번아웃을 겪고 있거나 그런 조짐이 보이는 것 같습니다. 저도 비슷한 상황이고요. 두세 번의 이직을 거쳐 이 회사에 오면서 연봉도 만족스럽게 높였고 회사의 복지도 좋은 편입니다. 그럼에도 요즘 일에 흥미도 없고, 아무 생각 없이 기계적으로 일하고 있습니다. 성과를 내서 성취감을 느끼고 싶지도 않고 회사를 이끌어가는 임원이 되고 싶었던 꿈도 점차 사라지고 있습니다. 이직을 하고 환경이 바뀌면 달라지지 않을까 상상해봤지만, 어떤 회사든 비슷할 것 같고, 현재 회사에서 버티자니 정신적으로 스트레스가 심합니다. 번아웃인 것 같아서 길게 휴가도 써봤는데 그런다고 피로나 스트레스가 사라지지는 않았습니다. 이 상황을 어떻게 극복해야 할까요?

상담을 하다 보면 몸과 마음이 완전히 지친 상태로 하루하루 버티며 일하는 직장인들을 자주 만납니다. 직장인 10명 중 7명은 번아웃 경험이 있고, 그중에서도 30~40대가 가장 많이 경험하는데요. 30대부터는 업무 능력이 오르기 시작하니 그만큼 업무량도 많아지고 압박감이 강해지는 시기이기 때문일 겁니다.

심리학자이자 상담가인 저 역시 직장 생활 중 번아웃으로 인해 3개월 동안 휴직한 경험이 있어요. 저의 경우에는 절대적인 휴식 시간의 부족, 일과 삶의 부조화, 끝이 보이지 않는 산발적인 업무 그리고 긴장의 연속이라는 문제들이 원인이었습니다. 이러한 표면적인 문제 외에도 '내가 하고 있는 업무가 앞으로 전문성을 키우고 성장하는 데에 도움이 되는가?' 하는 의문이 들기 시작하면서 정신적으로 더 소진되었죠. 당시의 업무가 직업적 전문성을 성장시켜준다는 확신만 있다면 더 버틸 수 있는 힘과 에너지를 찾을 수 있을 것 같았어요. 그럼에도 그럴 만한 동기와 목적을 찾지 못했기 때문에 직장 생활이 힘들 수밖에 없었던 거죠. 이 시기에는 업무와 관련된 인간관계 외에는 가족이나 지인이 있다는 것 자체도 부담이었고, 밥 한술을 넘기는 것이 힘들어 점심을 거르는 날도 많았습니다. 또한 작은 일에도 크게 화를 내거나 나 자신에게 주체할 수 없을 정도로 실망하는 등 감정 기복이 매우 심했습니다.

번아웃에는 3가지 특징이 있습니다. 바로 정서적 고갈, 탈인격화, 자아성취감 저하인데요. 정서적 고갈은 일상 및 업무에 대한 흥미와 에너지를 잃은 상태, 탈인격화는 관계를 부정적으로 바라보게 되고 감정적으로도 무감각해지는 상태, 자아성취감 저하는 능력과 성과에 대한 자부심이 감소하고 성취감을 느끼기 어려운 상태를 말합니다. 이러한 특징을 비추어보았을 때 사연의 내용만으로도 어느 정도의 번아웃 상태에 있는 걸로 보입니다. 하지만 번아웃은 주관적으로 판단하는 것이 아니라 측정 기준이 있으므로 자가 진단표로 진단해보시길 추천합니다.

'번아웃 증후군Burnout Syndrome'이라는 용어를 최초로 사용한 사람은 미국의 심리학자 허버트 프뤼덴버거Herbert Freudenberger

입니다. 그는 1974년에 직무 스트레스와 과중한 업무로 인한 정신적·신체적 탈진 상태를 설명하기 위해 이 용어를 처음으로 사용했습니다. 이후 여러 연구자들이 번아웃을 측정할 수 있는 도구를 개발했는데 그중 가장 널리 알려진 도구는 매슬랙 번아웃 척도MBI, Maslach Burnout Inventory입니다. 1981년 UC버클리 대학교 심리학과 크리스티나 매슬랙Christina Maslach 교수 연구팀이 개발한 것인데, 3가지 영역을 측정하고 이 영역들 모두 고위험군에 속했을 때 번아웃이라고 진단합니다.

번아웃 자가 진단표
MBI

섹션 A: 정서적 소진 Emotional Exhaustion

1	나는 직장에서 진이 빠진다.
2	직장 사람들과 온종일 일하는 건 꽤 많은 노력이 필요하다.
3	업무가 나를 망가뜨리는 것 같다.
4	나는 업무 때문에 좌절을 느낀다.
5	나는 너무 열심히 일하는 것 같다.
6	사람들과 직접 접촉해서 일하는 건 나에게 큰 스트레스다.
7	밧줄 끝에 매달려 있는 것 같은 기분이 든다.

섹션 B: 탈인격화 Depersonalization

1	나는 업무상 대해야 하는 사람들이 물체처럼 느껴진다.
2	나는 아침에 일어났을 때 피곤하고 매일 내일 또 출근일을 맞이해야 한다고 생각한다.
3	나는 업무상 대해야 하는 사람들이 나에게 그들의 문제를 해결해달라는 책임감을 준다고 느낀다.
4	나는 업무가 끝날 때 내 인내심이 다다랐다고 느낀다.
5	나는 업무상 대해야 하는 사람들에게 무슨 일이 일어나든 관심 없다.
6	나는 일한 이후로 사람들에게 무관심해졌다.
7	나는 이 일이 나를 무정한 사람으로 만드는 것 같아 무섭다.

섹션 C: 자아성취감 저하 Reduced Personal Accomplishment

1	나는 일하면서 많은 가치 있는 것들을 이룬다.
2	나는 에너지가 가득 차 있다.
3	나는 업무상 대해야 하는 사람들이 원하는 게 뭔지 쉽게 이해한다.
4	나는 업무상 대해야 하는 사람들의 문제를 아주 효율적으로 다룬다.
5	나는 업무 중 감정적인 문제를 고요히 잘 다룬다.
6	나는 일을 통해 사람들에게 긍정적인 영향을 끼친다고 느낀다.
7	나는 업무상 대해야 하는 사람들과 있을 때 쉽게 편안한 분위기를 만들 수 있다.
8	나는 업무상 대해야 하는 사람들과 있을 때 기분이 좋아진다.

전혀 아니다 0점. 1년에 몇 번 그렇다 1점. 한 달에 한 번 그렇다 2점.
한 달에 몇 번 그렇다 3점. 1주에 한 번 그렇다 4점.
1주에 몇 번 그렇다 5점. 매일 그렇다 6점

섹션 A	17점 미만: 이상 없음 |18~29점: 경증·중등도 | 30점 이상: 고위험
섹션 B	5점 미만: 이상 없음 | 6~11점: 경증·중등도 | 12점 이상: 고위험
섹션 C	33점 미만: 고위험 |34~39점: 경증·중등도| 40점 이상: 이상 없음

그런데 동료나 선배들에게 고민을 털어놓아 봐도 "직장 생활을 하다 보면 힘들고 어려운 과정을 겪는 게 당연해. 다들 그렇게 힘들게 사는 거야."라는 말을 듣는 경우가 많습니다. 특히나 우리나라는 성실하게 오래, 많이 일하는 사람이 인정받는 직장문화를 갖고 있다 보니 정신적으로 아프고 힘든 것은 그다지 중대한 문제라고 여기지도 않습니다. 그래서 사연자님도 자신의 힘듦에 대해 자세히 들여다보지 않은 채 일해왔을지도 모릅니다. '누구나 경험하는 성장의 시간일 거야. 시간이 지나면 괜찮아지겠지.'라는 생각만 가지고 무작정 버텨오지 않았을까요? 아마 사연자님도 업무를 조정한다거나 팀 이동을 한다거나 휴직을 하는 등 조직에 도움을 요청하고 싶었던 시기가 있었을 겁니다. 하지만 말을 할 수 없었을 수도 있습니다. 내가 뭔가 잘못하고 있는 거라고 생각했을 거고, 능력 없는 사람으로 비춰질까 봐 두려운 마음도 들었을 겁니다.

'그래. 다른 사람들도 다 그만큼 힘들다는데 나도 조금만 버티면 괜찮을 거야.'

그런데 이런 생각으로 번아웃 증상을 가볍게 넘겨버려선 안 됩니다. 사람들은 저마다 능력도 다르고 체력도 다릅니다. 일반적인 조언이 나에겐 맞지 않을 수 있습니다. 자가 진단 테스트라도 해보고, 정서적 고갈, 탈인격화, 자아성취감 저하

등이 심각하다면 바로 도움을 받아야 합니다.

　무엇보다 도움을 요청하는 행동은 나의 건강을 위한 치료일 뿐입니다. 다리가 부러지면 치료를 받듯이 마음이 힘들 때도 적절한 치료를 받는 것이 똑똑한 방법입니다. 절대 나약한 모습을 보이는 것이 아니니 자책하지 마세요.

　그렇다면 번아웃은 어떠한 이유로 우리에게 찾아오는 걸까요? 원인은 크게 4가지로 살펴볼 수 있습니다.

　첫째, 과도한 업무로 인한 육체적·심리적·인지적 자원의 고갈입니다. 과중한 업무로 인한 일과 삶의 부조화가 일어나면 체력이 고갈될 수밖에 없습니다. 나아가 내가 감당할 수 있는 수준 이상의 일이 반복되어 느끼는 중압감, 부담감, 두려움 등을 경험하면 마음의 힘이 약해집니다. 육체적·심리적 자원이 소진되면 자연스럽게 집중력 감소, 기억력 저하, 의사결정 능력 감소 등 인지적인 고갈로 이어지게 됩니다. 물론 사람마다 가지고 있는 자원의 크기가 다르기 때문에 비슷한 업무량이더라도 사람마다 느끼는 강도는 다릅니다.

　둘째, 일과 직업에 대한 목적과 방향성의 불일치입니다. 현재의 직장과 업무가 내가 생각하는 가치나 목표를 이루기 위해 적합한가에 대한 고민이 길어지면서 발생하는 번아웃입니다.

'이 회사에서 하는 일이 나의 미래에 도움이 될까?'

'내가 더 성장하고 성취할 수 있는 기회가 있는 곳인가?'

'내가 이 일을 해낼 수 있을까? 회사의 기대치가 너무 높은 것 같아.'

'조직문화가 나의 가치관과 맞지 않아.'

이처럼 재직 중인 회사가 나의 전문성을 높일 수 있을지, 내가 더 성장할 수 있을지에 대한 고민과 함께 나의 실제 업무 능력과 성과 목표와의 차이, 나의 가치관에 배치되는 조직문화와 신념 때문에 어려움을 겪게 되는 것이죠.

셋째, 직장에서 지속되는 인간관계로 인한 갈등입니다. 많은 사람이 퇴사를 결심하게 되는 가장 흔한 번아웃의 원인이기도 합니다. 일이 힘든 건 참을 수 있지만 사람 때문에 힘든 건 참기 힘들다는 말을 많이 하죠. 그래서 퇴사 사유 중 불변의 1위가 바로 인간관계입니다. 특히 직장 내에서의 따돌림, 언어폭력, 괴롭힘 등으로 인한 정신적 스트레스는 감당하기 힘들 정도인 경우가 많으니 반드시 도움을 받아야 합니다.

마지막 원인은 스트레스에 대한 비효율적인 대처입니다. 대부분 번아웃 증상을 겪으면 표면적으로 드러나는 극도의 피로감에 더 초점을 맞추곤 합니다. 그러나 휴식을 취한다 해도 일시적일 뿐입니다. 제대로 번아웃에서 벗어나기 위해서는 번아웃의 원인을 정확하게 분석한 후, 내가 가지고 있는 자원, 즉 능력과 한계치를 파악하여 구체적인 실행 전략을 세워야 합니다. 이 과정에서 머릿속을 맴돌며 추상적인 상태에 있던 문제를 실체화시킬 수 있고, 실체화된 것 중 내가 할 수 있는 부분을 찾아 해결하는 겁니다. 그래야만 효과적인 스트레스 대응 전략을 만들 수 있습니다.

사연자님의 경우, 지금 하는 일에서 성취감이나 의욕을 잃은 상태로 보입니다. 40대가 되면 삶을 되돌아보면서 자신의 가치지향에 대해 생각하고 앞으로 삶을 어떻게 살 것인가에 대해서도 숙고해보게 되는데요. 직장 생활을 시작한 뒤로 열심히 살아왔는데 현재의 모습이 나의 기대에 못 미치거나 다른 문제로 힘든 시기를 보내게 되면 과거에 대해 후회하고 자책하는 사람들이 많습니다. 사연자님도 일의 목적, 직업에 대한 회의, 직무 방향성에 대한 고민이 길어져서 그로 인해 번아웃이 발생했을 가능성이 높습니다.

이 유형의 번아웃에서 벗어나기 위해 가장 먼저 할 일은 일에 대한 나만의 개념, 일의 방향과 목적을 다시 정의해보는 것입니다.

'나는 어떤 역량을 키우고 싶은가?'

'나는 어떤 분야의 전문가가 되고 싶은가?'

'무엇을 위해 일하고 싶은가?'

'어떤 가치관을 기준으로 삼고 일하고 있는가?'

이러한 질문을 던지고 나만의 답을 써보는 것입니다. 답을 생각하는 동안 처음 회사에 출근하고 일을 시작했을 때의 각오, 일을 하는 동안 갖게 된 나만의 가치관 등이 하나둘 떠오를 겁니다. 그저 생각으로만 두지 말고 반드시 종이에 연필로 적어서 시각화하시기를 추천합니다. 이렇게 생각을 정리해두면 번아웃을 키우는 다양한 내적·외적 환경 속에서도 흔들리거나 넘어지지 않을 수 있습니다. 다시 말하면 번아웃을 이기기 위해 무엇을 해야 하는지, 왜 내가 이 어려운 상황을 버티고 참아야 하는지, 어떤 것을 어떻게 구체적으로 바꿀 것인지 등 이런 기준들을 확고하게 세우는 겁니다.

그러고 나서 번아웃 치료를 위한 실행 계획을 세워야 합니다. 업무 관련 공부를 하며 자기 계발을 하거나, 체력을 키우기 위해 운동을 하거나, 긴 휴가를 갈 수도 있습니다. 의미 없이 버티는 것을 그만두고 이직을 준비할 수도 있고 심리적 안정감을 되찾기 위해 상담 치료를 시작할 수도 있습니다. 해결할 수 없는 인간관계 갈등이나 과중한 업무량 등은 그저 쉰다고 해결되지 않는 것처럼 원인에 가장 가까운 해결 방법을 찾는 것이 중요합니다.

살다 보면 힘든 시기가 또 찾아올 수 있습니다. 지금 나를 돌아보고 생각을 정리하는 이 과정이 있어야만 나중에 다시 또 번아웃이 찾아올 때 지금보다 더 수월하게 극복할 수 있고, 번아웃에 빠진 동료나 후배를 만나게 될 때 격려와 조언을 해줄 수도 있을 것입니다. 번아웃의 시기를 '빠르게' 지나가는 것보다 '확실하게' 지나가는 것이 중요합니다. 그리고 이 힘든 시간은 반드시 지나간다는 사실을 꼭 기억하시길 바랍니다.

3

사수의 소통 방식이
이해가 안 돼요

　저는 2년 차 직장인입니다. 다양한 팀과 소통하는 업무를 하고 있는데 아직 저연차이다 보니 어려움을 느낍니다. 특히 상사와의 소통이 참 어려운데 요즘에는 사수 때문에 스트레스를 받고 있습니다. 만나서 회의하거나 얘기를 하면 문제가 없는데 유독 단톡방으로 소통할 때 힘들어요.

　사수에게 단톡방으로 업무와 관련된 질문을 하면 전혀 다른 답변을 하거나 일상적인 얘기만 합니다. 일대일 메신저든 단톡방이든 상관없이 그러고요. 제가 아닌 다른 사람들에게도 그럽니다. 급한 일이라 여러 번 반복해서 물어도 필요한 피드백이나 답변이 돌아오지 않으니 스트레스가 큽니다. 저연차라 행동이나 말 하나하나가 더 조심스러운 상황인데 저는 어떻게 해야 할까요?

사람은 누구나 새로운 환경과 상황에 처하면 빠른 적응과 안정을 추구하려고 합니다. 직장 생활을 시작한 지 얼마 되지 않은 저연차라면 적응하는 것이 중요한 시기죠. 더불어 새로운 경험을 통한 학습과 지속적인 성장에 가장 목이 마른 시기이기도 합니다.

경험을 쌓기 시작할 때 가장 큰 영향을 주는 사람은 아무래도 사수입니다. 사수는 신입 사원이나 후배가 팀에 원만하게 적응할 수 있도록 돕는 정신적인 멘토이자 실무의 훈련 코치 역할을 하는 사람을 말합니다. 사수는 신입 사원이나 후배가 해야 할 일에 대해 설명하고, 결과물에 대해서는 피드백을 해줍니다. 긍정적인 피드백이든 부정적인 피드백이든 그러한 소통을 통해 일에서 더 성장할 수 있습니다.

사회 초년생은 직장 생활을 하면서 일이 어떤 것이며 일의 결과를 어느 정도의 수준에 맞게 만들어야 하는지를 배워야 합니다. 그리고 결과물에 대한 피드백에 따라 나의 수준을 이해하고 부족한 부분 또는 잘하고 있는 부분을 정리하게 되죠. 이러한 과정이 신뢰를 기반으로 안정적으로 쌓이면 업무에 관한 자신감과 효능감을 형성하게 됩니다. 그렇기에 사회 초년생을 성장시키는 중요한 요소 중 하나가 사수의 지도력이라고 할 수 있겠죠.

신입 사원에게 회사는 아직 모르는 것이 많은, 불안과 두려움이 가득한 세상입니다. 주어진 일에 대한 옳고 그름, 정보의 신뢰, 의사결정 하나하나에 있어 누군가의 도움을 절실히 필요로 하는 시기죠. 조직에 적응하고 그 안에서 업무에 대한 신뢰를 빠르게 구축하고 싶은 것이 신입 사원이라면 기본적으로 가지고 있는 욕구라고 생각합니다.

사연을 보니 빠른 의사결정, 조언, 정보 수집 등 업무에 도움이 되어야 할 단톡방이 제대로 된 기능을 하지 못하고 있는 것 같네요. 빠르고 정확한 업무 처리를 위한 소통의 창구가 의도와 다르게 누군가의 일상 이야기로만 가득 차버렸다니 다양한 부정 감정이 올라오게 되죠. 그 때문에 소통의 의도와 목적 사이의 괴리가 발생한 상황인데요.

소통이란 정보, 생각, 감정 등을 전달하고 이해하는 과정입니다. 효과적인 소통은 상호 간의 이해와 협력을 촉진하고 문제를 해결하는 데 중요한 역할을 하죠. 그런데 소통이라는 상호작용에 있어서 각자가 추구하는 목적이 다르면 문제가 발생합니다.

　영국의 언어철학자이자 분석철학자인 허버트 폴 그라이스 Herbert Paul Grice는 대화에서의 소통을 설명하기 위해 협력의 원리Cooperative Principle와 이를 구성하는 4가지 대화의 격률Maxims of Conversation을 제시했습니다. 그라이스는 사람들이 효과적이고 의미 있는 소통을 위해 어떻게 협력하는지를 설명합니다.

1. 질의 격률Quality Maxim: 거짓말을 하지 말고, 진실을 말하라.

2. 양의 격률Quantity Maxim: 정보는 필요한 만큼만 제공하라.

3. 관련성의 격률Relation Maxim: 대화의 주제와 관련된 이야기만 하라.

4. 태도의 격률Manner Maxim: 상대가 이해하기 쉽도록 간결하고 명확하게 말하라.

이 4가지 격률을 통해 대화가 성공적으로 이루어지기 위해서는 화자와 청자가 협력하고, 각자가 말하는 방식에 있어 규칙을 지켜야 합니다. 예를 들어, 회사에서 회의를 할 때는 진실된 의견과 정보를 제시하며, 팀원들이 신뢰할 수 있는 발언을 하고(질), 주제에 필요한 만큼만 이야기하여 회의 시간을 효율적으로 사용하고(양), 논의 주제와 관련된 정보나 의견만 제시하여, 논의의 흐름을 유지하고(관련성), 명확하게 의사 표현을 하여, 모호한 지시나 불명확한 의견을 피하는(태도) 것이죠.

신입 사원의 입장에서는 누군가의 이야기를 듣고 공감하는 것보다는 빠른 업무 처리와 정보 요청 또는 의사결정을 통해 빠르게 적응하며 배우고 성장하는 것이 소통의 중요한 목적이 될 것입니다. 개인적인 이야기는 업무 외 시간(식사 시간이나 퇴근 후 가벼운 회식 자리)에서 하는 게 적절하죠. 그런데 회사 업무를 논해야 하는 단톡방에서 업무에 대한 답변을 피하고 잡담만 하는 사람의 심리는 무엇일까요? 거기에는 여러 이유가 있겠지만 크게 몇 가능성을 유추해볼 수 있습니다.

· 관계 우선주의: 일을 할 때 무엇보다 중요한 것은 좋은 관계라고 생각하고, 이 가치를 최우선에 두고 있

다면 단톡방에서 일 이야기만 하는 것보다는 가벼운 이야기를 나누면서 좋은 분위기를 만드는 것이 더 효율적인 처사라고 생각할 수 있습니다.

· 업무 회피: 업무에 대한 부담이나 스트레스로 인해 최대한 답변을 미루거나 회피하고, 잡담을 통해 그 부담감을 덜 느끼고 싶어 할 수 있습니다.

· 자신감 부족: 단톡방에서는 동료나 상사들이 업무에 대한 나의 답변을 보고 있을 것이기 때문에 자신 있게 답하지 못하고 잡담으로 상황을 모면하는 것일 수 있습니다. 단 둘이 있을 때는 잘 답변을 했던 걸 보면 단톡방 내의 시선을 매우 의식하는 것 같습니다. 자신이 업무에 대해 충분히 알지 못하거나 실수할까 봐 두려워하는 마음도 작용했을 수 있습니다.

· 중요도 인식 부족: 회사 단톡방에서 업무를 논하는 것이 중요하다는 인식이 부족한 경우, 업무와 잡담의 경계를 명확하게 인식하지 못하고 있을 가능성이 큽니다.

만일 사수가 일은 관계를 통해 만들어지고 관계가 우선되어야 일을 하나씩 풀어갈 수 있다고 생각한다면, 업무를 위한 단톡방에서도의 일상적인 이야기를 하면서 공감을 만드는 것에 더 신경 쓸 수 있습니다. 일과 관계에 관한 관점이 사연자님과는 다른 사람인 거죠. 실제로 실무를 하다 보면 관계를 통해 문제를 풀어가는 경우도 많다 보니 선배의 입장에서는 개인의 감정이나 사생활 역시 업무에 일정 부분이 포함된다고 생각할 수도 있습니다. 그렇다면 직장이라는 테두리 안에서 서로를 이해하는 것 역시 업무를 위한 중요한 요인일 겁니다.

또 다른 관점에서 본다면 그 선배는 조직 내 서열 중간에 낀 자신의 애매한 처지를 말하고 공감과 위안을 받는 수단으로 단톡방을 사용하고 있을 수 있습니다. 아직 완전한 전문가는 아니지만 사수 역할을 해야 하는 입장에서 자신의 감정과 사생활을 터놓을 곳이 필요했고, 마침 회사 단톡방은 자신을 이해해주는 사람들이 모여 있어서 비교적 편안한 공간이라고 생각했을 겁니다.

이유가 무엇이든 이렇게 상호 간의 소통의 목적 또는 의도가 다를 경우에는 메시지의 해석 또한 달라지기 때문에 오해와 혼란이 생기기 쉽습니다. 더불어 불필요한 에너지가 소비되고, 시간과 자원이 낭비되고 있으니 비효율적인 상황입니다. 하루라도 빨리 업무를 익히고 싶은데 이러한 시간이 길어지면 길어질수록 갈등은 심각해질 것입니다.

대면 소통을 할 때에는 큰 문제가 없다고 했으니, 그렇다면 그 사수는 확실히 관계를 훨씬 더 중요하게 생각하는 사람입니다. 단톡방 또한 업무 목적보다는 좋은 관계를 만들기 위한 수단이라고 생각할 겁니다. 이런 경우 소통의 의도와 목적에 대해 서로 정확하게 정의하고 공과 사에 대한 경계 설정 또한 분명해야 합니다.

물론 갈등을 수면 위로 올리고 불편한 이야기를 꺼내는 것이 쉽지 않겠지만 어느 정도의 신뢰 관계가 형성되어 있다면 오히려 편하게 이야기하는 것이 빠른 해결에 이르는 길일 수도 있습니다. 이때 대화를 상대방의 탓으로 돌리며 시작해서는 절대 안 됩니다. 대화의 방향은 철저하게 '나'를 중심으로 시작하는 것이 좋습니다.

"제가 연차가 낮다 보니 아직은 업무에 부족한 부분이 많아 때로는 누군가의 의사결정이나 정보 제공이 빠르게 필요할 때가 있어요. 결정이나 답변을 기다리는 동안에는 업무가 정리가 되지 않은 상태라 불안한 마음이 커집니다."

상대방이 나의 불안하고 어려운 부분을 공감할 수 있도록 접근하는 전략이죠. 다행히 나의 마음에 공감을 해준다고 해도, 고착화된 습관이 하루아침에 바뀌지는 않을 겁니다. 그래서 급한 경우에는 직접 자리로 찾아가고 자리에 없다면 전화로 소통해보세요. 특별히 관계를 중요시하는 사람에게는 서로 얼굴을 보고 대화하는 것이 더 효과적입니다. 사실 단톡방이 빠르고 편리하긴 하지만, 상대방의 감정과 의도를 정확하게 인지하기 어렵고 실제적인 상호작용이 부족하기 때문에 대화의 질을 낮출 수 있습니다.

사회 초년생이기에 사수와 효과적인 의사소통을 위해 노력하는 것이 힘들 수 있지만, 이 과정이 앞으로의 직장 생활에도 큰 도움이 되어줄 것입니다.

팀장이
나를 싫어합니다

　최근에 이직했는데 얼마 되지 않아 저를 채용했던 팀장이 다른 팀으로 가게 됐습니다. 새로운 팀장에게는 몇 주가 지나도록 제대로 된 업무 인계도 못 받았어요. 업무상 도움을 안 주는 것은 물론이고 첫날부터 저를 싫어하는 티를 팍팍 냈습니다.

　그렇게 수습 기간이 지나 인사 평가를 하는 날, 팀장에게 아주 당황스러운 피드백을 들었습니다. "경력직인 만큼 기대를 했는데 기대 이하다. 말투가 너무 듣기 싫다. 우유부단한 성격이 짜증 난다." 등. 직장 생활을 한 지가 10년이 넘는데 이런 말은 처음 들었습니다. 업무에 대해서야 그럴 수 있다 쳐도, 개인적인 성격이나 말투를 지적당하니 기분이 나빴습니다. 팀장은 정직원 채용을 유예하고 한 달 후에 다시 인사 평가를 하겠다고 합니다. 이유도 모른 채 첫날부터 미운털이 박힌 모양인데 이 회사 계속 다녀도 되는 걸까요? 이미 자존감은 무너지고 있고 너무 불안합니다.

직장인들이 이직을 결심하는 이유는 다양하지만, 주된 원인 중 하나는 더 나은 직업적 기회를 찾기 위함입니다. 연구에 따르면 많은 직장인들이 현재 직장에서의 성장 가능성 부족, 낮은 급여, 과중한 업무량으로 인해 이직을 고려합니다. 또한 조직 내에서의 업무 만족도가 낮거나 상사와의 관계가 원활하지 않은 경우도 이직을 촉진하는 요인으로 작용합니다. 미국의 인적자원관리협회SHRM에서 발표한 보고서에 따르면, 직원의 40%가 더 나은 업무 환경과 워라밸을 찾아 이직을 고려한다고 응답한 바 있습니다.

그러나 이직을 한 이후에도 직장인들은 다양한 형태의 스트레스를 겪을 수 있습니다. 새로운 직무에 적응하는 과정에서 느끼는 불안감과 새로운 사람들과의 관계 설정 등이 주요한 스트레스 요인으로 작용합니다. 실제로 한 연구에서는 새로운 직장에 적응하는 동안 직장인들이 느끼는 스트레스 수준이 이전 직장에 비해 급격히 증가한다고 나타났습니다. 특히 새로운 환경에 대한 불확실성과 업무 성과에 대한 높은 기대감은 부정적인 심리적 영향을 미칠 수 있습니다.

이직 이후 스트레스를 효과적으로 관리하지 못할 경우, 이는 직무 몰입도와 생산성 저하로 이어질 수 있습니다. <국제경영연구저널Journal of International Management>에서는 이직 후 스트레스를 충분히 해결하지 못한 직장인들이 업무 성과가 감소하고 장기적으로는 또 다른 이직을 고려하는 악순환에 빠질 가능성이 크다고 경고합니다.

사연자님 또한 새로운 환경과 업무에 적응하고 팀장님과의 갈등을 해결하기 위해 정말 다양한 노력을 하셨을 텐데 잘 풀리지 않아 힘든 시간을 보내셨을 것 같습니다. 게다가 수습 기간 평가에서 내가 했던 업무나 관계의 노력에 대해 부정적인 의견을 들었으니 더 참담했을 겁니다. 그뿐 아니라 "말투가 싫다. 성격이 짜증난다."라는 표현은 개인의 특성에 대한 팀장의 주관적인 평가에 불과한데요. 이는 상사가 절대 하지 말아야 할 최악의 평가 방법입니다.

그 팀장님이 그렇게 행동한 이유를 몇 가지 방향으로 분석해보자면 이렇습니다. 우선 기존 팀장님과 사이가 좋지 않았기 때문에 그가 뽑은 사람에 대한 불신과 이유 없는 미움이 있을 수도 있습니다. 생각나는 말을 그대로 내뱉는 유형이어서 모든 사람에게 무례해 보이는 행동을 하는 것일 수 있습니다. 나에게만 그러는 게 아닐 수 있다는 것이죠. 변화를 두려워하고 불확실성을 싫어해서 새로 들어오는 직원을 경계하는 유형일 수도 있습니다. 마지막으로 무조건 자기 스타일에 맞춰서 행동하고 충성하는 사람을 좋아하는 것일 수도 있습니다. 자신처럼 일하고 말하고 생각하는 사람, 자신이 정한 목표를 달성하기 위해 기꺼이 희생하는 사람, 최소한 그렇게 되려고 노력하는 사람을 더 높게 평가하는 거죠.

안타깝지만 직장 생활을 하다 보면 정말 말도 안 되는 리더를 겪어야 할 때가 있습니다. 여러 리더십 이론과 조직심리학을 바탕으로 조직 내에서 해로운 행동을 하는 빌런 리더 유형은 다음과 같이 분류할 수 있습니다.

1. 독재형 리더Autocratic Leader

모든 결정을 자신이 내리고, 부하 직원들의 의견을 무시하거나 최소화한다. 강압적인 통제를 통해 자신의 권위를 유지하려 하며, 권력을 남용하는 경향이 있다.

2. 나르시시스트형 리더Narcissistic Leader

자신의 이미지와 성과에만 초점을 맞추고, 자신이 팀

을 성공으로 이끄는 유일한 원천이라고 생각한다. 부
하 직원들의 공로를 가로채거나 그들의 기여를 과소
평가한다.

3. 독설형 리더Toxic Leader
비판적이며 부정적인 피드백을 남발하여 직원들을 무
력하게 만든다. 인신공격이나 감정적인 비난을 자주
하며, 이를 통해 자신의 우월감을 느끼려 한다.

4. 조종형 리더Manipulative Leader
팀원들을 조종하여 자신의 이익을 극대화한다. 진실
을 왜곡하거나 일부러 정보를 숨기는 방식으로 직원
들을 혼란스럽게 하거나 갈등을 일으켜 자신의 위치
를 강화한다.

5. 공포 정치형 리더Fearmongering Leader
두려움을 통해 권위를 유지한다. 해고, 징계, 불이익
등의 위협을 통해 팀원들을 통제하려 한다.

6. 허언증형 리더Compulsive Liar Leader
진실을 왜곡하거나 거짓말을 자주 하며, 이를 통해 자

신의 이미지를 개선하거나 문제를 회피하려 한다.

7. 무책임형 리더Irresponsible Leader

자신의 결정이나 행동에 대한 책임을 지지 않고, 실수를 인정하지 않으려 하며, 항상 다른 사람이나 외부 환경을 탓한다.

상사 때문에 힘들어하는 사람들의 이야기를 들어보면 상사가 자기애적 성격장애Narcissistic Personality Disorder를 가진 나르시시스트형 리더인 경우가 많았습니다. 이들은 자기 자신만을 위해 행동하며 자신의 욕구를 충족시키기 위해 다른 사람을 쉽게 무시하거나 억압합니다. 더불어 자신을 과대평가하고 자신의 욕구와 필요를 우선시하므로 타인의 상황과 감정을 이해하거나 공감하지 않습니다. 하지만 자신의 이익에 도움이 되는 사람에겐 다른 태도를 보이죠. 특히 윗분들에게는 그들을 통해 성장의 기반을 만들 수 있다는 생각에 반대 의견을 내지도 않고 깍듯하고 순종적입니다.

물론 관계를 잘 쌓는다고 해서 조직에서 승승장구할 수 없으니, 일에서도 최고의 퍼포먼스를 내기 위해 주변을 잘 관리하고 철저하게 자기중심적으로 동료나 후배를 잘 이용합니다. 소시오패스처럼 자신의 이익을 위해 사람들을 조종하고 도구로 이용하는 것이죠. 이때 필요에 따라 강압적인 말을 하거나 '가스라이팅'을 사용합니다. 해당 팀이나 부서의 성과가 좋을지 모르겠지만 리더의 공이라고 내세우니, 팀원들은 심리적 어려움을 겪을 수밖에 없죠.

그래서 이러한 기능적인 자기애적 성향을 가진 사람은 성공적인 조직의 리더로 성장할 가능성이 높습니다. 조직 분위기가 경직되겠지만 성과가 좋아지니 조직 관점에서는 자기애적 성향이 꼭 나쁜 것만은 아니라는 생각을 하게 됩니다. '믿을 만한 인물, 예스맨, 자기 성취를 위해 최선을 다하는 사람, 괴팍하고 정 없지만 일은 꼼꼼히 하는 사람, 회사의 성장에 함께하는 사람'이라고 긍정적으로 평가하는 것이죠.

사연자님처럼 새로운 직장에서 일을 시작한 사람에게는 빠르게 적응하고 조직 문화를 이해하는 것이 중요합니다. 열린 마음으로 배우고, 적극적으로 소통하는 자세가 성공적인 정착을 위한 핵심입니다. 조직에 새로 합류한 사람, 즉 '굴러온 돌'은 다양한 정보를 먼저 수집해야 합니다. 이직을 하면 우선 업무 성과를 통해 존재감을 드러내고 싶어 합니다. 하지만 업무가 진행되기에 앞서 조직문화, 업무 스타일, 조직에 소속된 사람들의 특성과 성향, 팀 및 조직의 분위기 등을 잘 파악하고 분석해야 합니다.

특히 팀장님이 나에게만 그런 자세를 취하는 건지 아니면 모든 조직원에게 차이는 있지만 거의 동일한 행동을 하는지를 꼭 파악해야 합니다. 만약 모든 사람을 비슷하게 대하고 있다면 그건 더 이상 내 문제가 아닌 팀장의 문제이고, 그렇다면 내 자신감이나 자존감이 그 사람 때문에 낮아질 필요는 없습니다. 이럴 때는 어떻게 버틸 것인지에 대한 전략을 만들어야 합니다. 나는 조직문화를, 팀장을 바꿀 수 없기 때문입니다. 내가 바꿀 수 있는 것과 바꿀 수 없는 것을 빠르게 파악하고 인정해야 삶이 명쾌해집니다.

전략을 짜기 위해서는 나 자신에 관한 평가와 가치 기준을 확고하게 재정립해야 합니다. 누군가의 수치화되지 않은 주관적인 평가가 내 역량과 자존감을 최소치로 낮추는 것을 방지하기 위해서죠. 그러기 위해 과거 내가 진행했던 업무와 프로젝트, 그로 인한 긍정적인 피드백을 다시금 정리하다 보면 내가 그렇게 능력 없는 사람은 아니라는 걸 깨닫게 되실 거예요.

그 사람의 성향을 잘 이용하는 것도 중요합니다. 좋은 리더라면 굳이 성향까지 파악해서 대처할 필요가 없지만, 빌런 리더라면 나를 지킬 무기와 갑옷을 마련해야 합니다. 넋 놓고 있다가는 당하고 맙니다. 나의 상사가 앞에서 말한 빌런 리더 중 어디에 해당하는지 분석하고 대책도 세워야 해요.

특히 자기애적 성향의 리더, 자신을 최고라고 평가하는 사람이 상사라면 그에게 맞는 가면을 쓸 수 있어야 합니다. 갈등을 피하기 위해서는 그가 최고인 것처럼, 뛰어난 사람인 것처럼 대하는 것이죠.

'굳이 이렇게까지 해야 해?' 이런 생각이 드실 수도 있습니다. 하지만 이는 나의 가치와 근간을 바꾸는 것이 아니라 생존을 위한 전략 중 하나이고, 싸움의 기술이라고 생각하시면 됩니다.

회사 내에 정서적 지지기반을 만들기 위해 노력하는 것도 방법입니다. 누군가에게 지속적으로 스트레스와 공격을 받아야 한다면 함께 머무르고 있는 집단 내에서 괴로움과 아픔을 이야기하며 공감하고 위로해줄 대상이 있어야 정신적 건강을 잘 유지할 수 있습니다. 서로 힘든 점을 이해하고 지지자가 되어주는 것이죠. 물론 상사를 뒷담화하는 모임이 되어서는 안 됩니다.

마지막으로 이직 시점에 맞춰 내가 그동안 거쳤던 조직 문화나 업무 방식 등에 문제가 있지는 않은지, 더 배우고 성장해야 할 영역이 없는지 고민해야 합니다. 상담을 하다 보면 과거의 조직에서 배운 일과 조직 문화 등이 전부인 것처럼 생각하다 보니, 과거와 현재의 두 문화 사이에서 갈등하는 경우를 종종 보게 됩니다. 여기서는 어느 조직의 문화가 옳거나 그른지 평가하고 판단하기보다는 새로운 문화를 빠르게 수용하고 적응하는 것이 필요합니다.

많은 사람이 업무뿐만 아니라 인간관계까지 신경 쓰느라 힘들어합니다. 부디 타인의 부정적인 말과 태도에 흔들리지 말고 잘 적응해서 건강하고 행복한 직장 생활을 하게 되기를 응원합니다.

5

사람들의 말 하나하나에
연연하게 됩니다

저는 성격상 사람들과 대화하거나 관심을 받는 걸 좋아하지 않습니다. 그런데 사회생활을 하다 보면 대화를 안 할 수가 없으니 집 밖에서는 늘 바짝 긴장을 하고 있습니다. 사람들의 말에 영향을 많이 받는 터라 밤에 자려고 누우면 그날 동료나 상사가 했던 어떤 말이 떠올라서 잠을 설칠 때도 많고요. 저한테 하는 말 한마디 한마디가 신경이 쓰여서 기분이 나빠질 때도 많습니다. 나이 먹고 연차가 쌓이면 좀 괜찮아지겠거니 생각했는데 그렇지 않더라고요. 다른 사람의 부정적인 말이나 반대되는 의견에 신경을 많이 쓰다 보니 제가 누군가에게 그런 말을 하는 것도 너무 어렵습니다. 관계가 안 좋아지거나 상대방의 미움을 받을까 봐 아무 말도 하지 않고 넘겨버릴 때가 많아요. 저도 제 성격이 너무 바보 같고 답답하다는 생각이 드는데 어떻게 고쳐야 할까요?

많은 사람들이 시간이 흐르면 문제가 저절로 해결될 것이라고 믿는 경향이 있습니다. 이는 고통이나 불편함을 피하고 싶어하는 심리에서 비롯됩니다. 시간이 지나면 상황이 자연스럽게 나아지거나 문제가 사라질 것이라고 생각하는 것이 더 편하게 느껴지기 때문에, 적극적인 해결책을 찾기보다 기다리는 쪽을 선택하게 되는 것이죠. 그러나 대부분의 경우, 문제는 시간을 두는 것만으로 해결되지 않고, 오히려 방치할수록 상황이 더 복잡해지거나 악화될 수 있습니다.

　　물론 시간이 해결해주는 것도 있습니다. 죽을 것같이 힘들었던 이별의 아픔이 시간이 지나감에 따라 잊히고, 실패에 대한 자괴감이 새로운 성공 경험을 통해 사라지게 되는 것처럼 말입니다. 하지만 심리적인 갈등과 어려움은 시간이 지나도 쉽게 사라지지 않습니다. 그 당시에는 시간이 해결해줄 거라고 믿으며 일시적으로 문제상황을 회피했다 하더라도 갈등의 원인이 해결되지 않으면 문제는 다시 발생합니다. 표면적인 문제의 기저에 깔린 진짜 원인을 찾고 적극적으로 해결해야 합니다.

사연자님은 사람들을 대면하거나 긴 대화를 나누거나 사람들의 이목을 끄는 것을 싫어하다 보니 살아오면서 점점 더 혼자만의 시간을 갖는 것이 편안한 성향으로 더 강화되었을 겁니다. 사람이 많이 모이는 곳이나 사회적 모임도 피하셨을 것이고 대인관계는 최소한으로만 유지하셨을 거예요. 정말 편안하고 친하다고 생각하는 몇 명과 깊이 있는 관계를 유지하는 게 더 가치 있다고 여기는 거죠. 살다 보면 이렇게 안전하다고 생각하는 관계에서도 갈등이 생길 수 있는데 그럴 때는 커다란 상처에서 헤어나오기 어려워하고 더욱 대인관계에 움츠러드셨을 겁니다.

문제는 학교를 졸업하고 취업을 하고 조직 생활을 시작하게 되면 더 이상 내가 원하는 수준과 깊이 안에서만 관계를 맺을 수 없다는 것입니다. 직장에서 서로를 이해하고 배려하며, 공감할 수 있는 수준의 편안함을 느끼면서도 상처받지 않을 정도의 관계를 만들어가는 것은 굉장히 어렵습니다. 조직에서는 내가 원하든 원하지 않든 수많은 관계에 놓일 수밖에 없고 대상 역시 선택할 수 없으니까요.

직장 내에서는 업무뿐만 아니라 동료들과의 소통과 협업이 중요한 요소인데, 이러한 상호작용에는 에너지가 많이 소모되고 불안감도 유발할 수 있습니다. 특히 타인의 기대에 부응해야 한다는 압박감이나 사회적 규범을 지켜야 한다는 부담감이 더해져 자연스럽게 긴장하거나 위축되기도 합니다. 이러한 상태는 자신에 대한 불안감을 키우고, 대인관계에서의 자존감을 낮추며, 점차 고립감을 느끼게 만들 수 있습니다.

'다른 사람들은 아무런 불편함 없이 하고 싶은 말을 하고, 눈치 보지 않고, 누군가의 평가에 매달리지도 않는 것 같은데 나만 왜 그럴까?'

이렇게 자책하게 될 수도 있지만, 사실 이 문제는 많은 사람이 크고 작게 경험하는 일입니다. 상담실에서 자주 듣게 되는 주제이기도 하죠. 이때 다루는 것이 자아존중감과 이로 인한 사회적 불안감입니다.

자아존중감은 자기 자신에 대한 긍정적이고 안정된 인식을 의미합니다. 나의 가치, 능력, 성격, 외모 등을 스스로 긍정적으로 평가하고 인정하는 것입니다. 자아존중감이 높은 사람은 가치와 신념이 안정적으로 정립되어 있기 때문에 누군가의 인정과 승인을 갈구하고 관계 유지를 위해 자신의 말과 행동을 누군가에게 맞추는 것에 에너지를 소진할 필요가 없죠.

또한 자아존중감이 높은 사람은 자신의 신념에 반하는 말과 행동을 하는 상대방에게 정확하게 의견을 전달할 수 있고,

이후의 관계를 두려워하지 않아요. 관계를 위해 꼭 누군가에게 맞추고 인정받지 않아도, 나를 불편하게 만드는 관계를 유지하지 않아도 버틸 수 있는 힘이 있다는 거죠.

하지만 자아존중감이 낮다면 자아에 대한 충분한 신뢰와 가치감이 없기 때문에 자신이 한 행동과 말이 상대방에게 어떻게 전달되고 받아들여질지에 관한 불안감을 가질 수밖에 없습니다. 그러다 보니 상대방의 인정과 승인을 위해 눈치를 보게 되고, 누군가의 의견이나 평가에 민감해지는 거죠.

낮은 자아존중감은 직장 생활에서 사회적 불안감으로 표출됩니다. 여기서의 불안감은 주로 누군가에게 비치는 내 모습에 기인해요. 나 자신을 있는 그대로 바라보고 수용하기보다는 타인이 만든 사회적 비교와 기대에 대한 압박이 커다란 삶의 잣대가 되어버리기 때문에 늘 불안과 두려움을 느끼게 되는 겁니다. 그러다 보니 동료, 선배, 리더와의 관계에 있어서 그들이 나를 어떻게 인식하고 있는가를 지나치게 신경 쓰게 되고, 나에 대해 조금이라도 부정적으로 평가하지는 않을까 늘 불안해합니다. 그러다 보면 그들이 나를 대하는 태도나 대화의 방식이 합리적이지 않다고 느껴도 그 감정을 그대로 전달할 수 없게 되죠. 만약 솔직한 감정을 말한다면 부정적인 인식이나 평가를 받지 않기 위해 늘 노력했던 것들이 한순간에 무너질 것 같은 두려움을 느끼게 되니까요.

사연에는 일에 관한 언급이 없지만 사실 일에 있어서도 두려움을 기반으로 더 많은 일을 맡아 하고, 남들이 힘들고 꺼리는 일이라도 나에게 맡겨진 일이라면 아무 불평도 하지 못한 채 해내고 있을 것 같다는 추측을 해보게 됩니다. 그렇게 많은 에너지를 사용했음에도 직장 생활은 늘 불안과 갈등의 연속이었을 겁니다. 충분히 힘든 시간을 보냈으니 이제 다른 누군가에게 좋은 모습을 보여주기 위해 눈치 보고 갈등하는 일은 그만두어야 합니다. 더 이상 갈등의 시간을 보내고 싶지 않다면 중요한 변화를 시도해야 합니다.

변화를 위한 첫 번째 접근은 내가 그토록 누군가에게 보여주기 원했던 모습이 결국 나를 위한 것이라는 자각입니다. 다시 말하면 타인을 신경 쓰면서 했던 많은 말과 행동이 사실은 내가 이상적으로 생각하는 나의 모습을 유지하기 위한 노력이었다는 것이죠. 그런데 나를 위해 선택한 삶의 전략이 자괴감, 무능함, 허탈함, 우울감, 억울함이라는 감정에 원인을 제공했다면 현재의 전략이 잘못되었다고 할 수 있습니다. 물론 성장 과정에서의 부모의 양육 태도, 사회적 경험, 학습 등을 바탕으로 생존 전략을 만들어 살아왔겠지만 그것이 제대로 작용하지 않는 것을 인식했다면 전략을 수정해야 합니다.

남에게 보여주는 모습이나 나만을 위한 태도와 행동의 목적이 같다면, '착하고 좋은, 열심히, 최선을 다하는, 희생하는, 수용하는' 사람이라는 평가를 받거나 그 평가를 유지하기 위해 노력할 필요가 없습니다. 어차피 목적이 같고 똑같은 어려움을 경험해야 한다면, 누군가에게 좋은 평가를 받으려 눈치 보지 말고 내가 원하는 내 모습을 찾고 신념에 따라 행동하는 것이 최선의 전략이 될 수 있어요.

그러기 위해서는 태도와 행동의 변화를 만들어야 합니다. 불편한 상황이나 대화에서 내가 하고 싶은 말과 해야 하는 말을 미리 정리하고 소심하게라도 표출함으로써 나를 위한 새로운 삶의 전략을 연습해보는 거죠. 때로는 내가 걱정했던 것과 다르게 아무 일 없이 넘어갈 수도 있고 때로는 누군가에게 부정적인 피드백을 받을 수 있어요.

이러한 과정을 통해 어떤 수준에서 어떻게 대화하고 행동하면 되겠다는 새로운 기준을 만들게 되죠. 물론 이러한 변화의 시작이 절대 쉽지만은 않습니다. 그래서 많은 경우 심리상담을 통해 전문가와 함께 이러한 작업을 해나갑니다. 더불어 가족이나 친한 지인으로부터 지속적인 정서적 지지를 받아야 변화의 과정을 버틸 힘을 얻을 수 있어요.

변화를 위한 두 번째 접근은 타인에게 모든 것을 맞추고 그로 인해 인정받을 수는 없다는 것을 자각하는 것입니다. 완벽한 사람이란 존재하지 않기 때문이죠. 한정된 에너지 안에서는 한정된 사람에게 한정된 것을 줄 수밖에 없어요. 그래서 꼭 필요한 경우에는 누군가를 챙기고 인정받으려고 노력할 수 있겠지만, 그 대상이 모든 사람이 되는 순간 나 자신이 힘들어지는 겁니다.

제 이야기를 잠깐 하자면. 처음으로 대학 강의를 시작할 무렵 이런 생각을 했어요.

'강의를 잘하는 사람은 모든 학생을 집중시킬 수 있어야 하고, 학생들이 강의 내용을 제대로 소화하도록 도와야 한다.'

그런데 첫 수업을 해보니 수많은 학생 중에 뛰어난 집중력을 보이는 학생은 서너 명 정도였고 질문에 대답하는 학생은 한두 명뿐이었습니다. 반응이 이렇다 보니 '혹시 내 수업 방식이 잘못된 건 아닐까? 내가 능력이 부족한 교수라 학생들이 무시하는 건가?'라고 생각하며 모든 원인을 제 안에서 찾기 시작했습니다. 자괴감, 상실감, 억울함, 부끄러움에 치욕까지 느끼며 우울한 첫 학기를 보내던 중 제가 가지고 있는 인식 차원에 문제가 있다는 것을 자각했습니다. 아무리 능력이 출중하고 언변이 좋은 교수라고 해도 모든 학생에게 인정받을 수는 없고, 모든 영역에서 뛰어날 수도 없다는 것을 수용한 순간 고통스러운 부정 감정에서 벗어날 수 있었습니다.

그날 이후 저는 모든 수강생이 아닌 그날 반응과 집중력이 좋은 한 학생에게 집중하면서 강의했고 다시금 스스로에 대해 평가하게 되었어요. 물론 아직도 제가 올린 글이나 영상에 대한 부정적인 피드백을 받으면 우울해지기도 하지만 그렇다고 문제의 근원을 저에게서 찾지는 않고 있어요.

다른 사람들의 말에 너무 신경 쓰지 마세요. 사람들은 자신이 가진 관점과 편견을 바탕으로 말할 뿐, 그것이 당신의 진짜 모습을 반영하는 것은 아닙니다. 모든 사람을 만족시킬 수 없다는 점을 기억하세요. 중요한 건 당신 스스로가 당신의 가치를 인정하고, 자신이 옳다고 믿는 길을 걸어가는 거예요. 당신이 누구인지는 남의 말이 아닌, 당신이 어떻게 살아가는지에 달려 있습니다.

6

성과는 없으면서
인정받기만 바라는 동료

최근에 저희 팀에 경력직 직원이 들어왔습니다. 직급은 저와 같은 대리이고 나이도 같습니다. 그런데 몇 달간 함께 일하며 지켜보니 일을 정말 너무 못합니다. 저희 팀 막내인 3개월 차 신입보다도 일의 완성도가 떨어져요.

문제는 팀 전체가 함께 진행한 프로젝트로 윗분들께 칭찬을 받거나 제가 같이 한 업무로 팀장님께 칭찬을 받는 상황이 오면 마치 자기 덕분인 것처럼 말한다는 겁니다. 심지어 본인이 한 일이 아니거나 본인의 아이디어가 아니어도 칭찬을 가로챕니다. 일에 집중하기보다는 상사가 듣고 싶어 하는 말을 해주며 환심을 사는 것으로 직장 생활을 하는 것 같아요. 너무 스트레스를 받아서 그 사람과 거리를 두고 싶어도 같은 팀이라 그럴 수가 없습니다. 이런 사람에게는 어떻게 대처해야 할까요?

66

같은 팀에 나이도 같고 직급도 같은 동료는 꽤나 신경이 쓰이기 마련입니다. 너무나 좋은 평생 친구가 될 수 있고 원수가 될 수 있죠. 사람은 본능적으로 자신과 비슷한 배경과 능력을 가진 사람과 비교하려는 경향이 있습니다. 그 과정에서 성과나 능력 차이를 느끼면 자존감에 영향을 받게 됩니다. 특히 직장에서 인정받고 성장하고 싶은 욕구가 강할수록, 동료와의 비교는 더욱 민감하게 다가옵니다. 이는 자신이 충분히 잘하고 있는지, 앞으로 어떻게 발전해야 할지에 대한 고민으로 이어지며, 때로는 불안과 동기부여를 동시에 불러일으키는 복잡한 감정입니다. 사연자님이나 새로 들어온 직원 모두 이러한 감정을 느끼고 있었을 겁니다.

문제는 새로 들어온 직원의 태도인데요. 업무에 대한 책임감 결여, 결과물은 없이 말로만 모든 것을 넘기려는 태도, 일에 집중하기보다는 관계로 존재를 알리려는 전략 때문에 함께 일하는 사람은 분노, 미움, 억울함 같은 부정적인 감정과 업무의 공정성 및 효율성에 관한 혼란스러움을 느낄 수밖에 없습니다. 이기적인 모습을 목격하고 피해를 입기까지 한다면 스트레스가 심해지는 게 당연합니다.

직장인이라면 이기적인 동료의 행동 때문에 피해자가 됐던 경험이 한 번씩은 있을 겁니다. 그런데 문제는 조직에서는 이러한 상황을 별일이 아니라고 생각하고 그냥 넘어가는 경우가 많다는 사실입니다. 이런 상황이 반복되면 팀장이나 리더도 눈치를 채긴 하지만 사실 특별히 할 수 있는 것이 없기도 합니다. 유치원 선생님같이 남을 배려하고 사이좋게 지내야 한다고 가르칠 수도 없는 노릇이고, 괜히 건드렸다가 전체적인 조직의 분위기를 애매하게 만들 것 같다고 판단하는 것이죠. 그래서 이렇다 할 조치 없이 흐지부지 마무리되는 경우를 많이 보게 됩니다.

현명한 리더라면 불편함과 혼란을 감수해서라도 피해자의 입장을 반드시 고려해보아야 합니다. 공을 가로채는 이기적인 직원은 팀의 사기를 크게 저하시키고 협업 문화를 해칩니다. 팀 내에서 공정한 인정과 보상이 이루어지지 않으면, 다른 직원들은 좌절감과 불만을 느끼며, 그로 인해 팀워크가 약화될 수 있습니다. 그래서 리더는 모든 팀원의 기여가 투명하게 드러나는 시스템을 마련하거나, 정기적으로 피드백을 주고받는 자리를 만들어 각자의 역할이 분명히 드러나도록 해야 합니다. 그렇지 않으면 함께 일하는 동료들의 일에 대한 열정, 조직에 대한 헌신, 협업의 필요성, 상사의 평가에 대한 신뢰 등이 한순간에 사라질 수 있기 때문입니다.

그런데 그 사람이 뻔히 동료들에게 미움을 받고, 언젠가는 자신의 거짓말이 들통날 수밖에 없다는 사실을 알고 있을 텐데도 그렇게 행동하는 이유가 무엇일까요?

우선 그 사람은 자신이 잘하는 것과 못하는 것을 잘 구분하고 있을 가능성이 높습니다. 그러니 업무 역량을 통해서는 자신의 존재감을 어필할 수 없고, 직장에서의 생존에 문제가 생길 수 있다는 위기의식을 느꼈을 겁니다. 자신이 조금 더 잘할 수 있는 언변과 관계에 집중하게 된 것이죠.

불안감과 자기보호 본능에서 비롯된 심리인데, 이런 사람은 능력과 성과에 대한 올바른 인식을 제대로 형성하지 못한 사람일 가능성이 높습니다. 또한 자신의 잠재력을 최대한 발휘하고 싶은 욕구는 있으나 그걸 뒷받침할 능력이 부족하다는 것을 알기 때문에 다른 사람의 아이디어나 업무를 마치 자신의 것인 양 행동함으로써 자아를 실현하려고 하죠. 이들은 (업무뿐만 아니라 모든 부분에서) 성장을 위해 중요한 것이 무엇인지 모르고, 힘들고 어려운 일을 버텨본 적도 없어서 자신의 역량을 어떻게 키워나갈 것인지에 대한 개념도 없습니다.

또한 누군가의 성과를 자신의 것이라고 주장하는 것은 그 행동이 부적절하다는 것을 어느 정도 알고 있음에도 이를 정당화하거나 합리화하는 자기기만 행위라고 볼 수 있습니다. 조금이라도 자기 마음을 편하게 위해 자신의 행동을 긍정적으로 재구성함으로써 자아존중감을 유지하려고 하는 것이죠. 더불어 자신의 행동을 다른 사람의 더 나쁘거나 부정적인 행동과 비교해 정당화하거나 다른 사람도 자기처럼 행동한다는 식으로 일반화합니다. 본인의 행동으로 인해 비난이나 부정적인 평가를 받게 될 경우에는 책임 회피와 자기방어를 시도합니다. 실수를 인정하지 않고 남 탓을 하죠.

또 다른 가능성은, 정말로 본인의 행동이 누군가에게는 커다란 상처되고 문제를 일으킬 수도 있음을 전혀 상상하지 못하는 사람일 수도 있다는 것입니다. 매우 드물긴 하지만 성장 과정이나 사회생활을 통해 타인에 대한 인식, 자기반성, 업무에서의 윤리, 전문적 기준과 평가 등의 학습과 성장이 없어서 자기중심적이고 공감 능력이 부족한 것이죠. 자라면서 자신의 감정과 필요에만 집중한 나머지 타인의 감정을 고려하지 않는 성격을 갖게 된 겁니다.

이런 사람들을 만나지 않고 살면 좋겠지만 세상이 또 그렇게 녹록지 않습니다. 이미 만나버렸으니 최대한 나의 스트레스를 줄일 방법을 찾아서 영리하게 대처해야 합니다.

사연자님도 함께하는 시간을 줄이고, 협업해야 하는 상황을 피하고, 선배나 상사에게 도움을 구하셨을 겁니다. 하지만 특별한 조치가 없다 보니 좌절하셨을 거고요. 이런 경우 많은 분이 상황을 돌파하기보다는 회피하는 전략을 사용합니다.

'말해서 뭘 하나. 바뀔 것도 없는데…'

'차라리 안 보고 말지. 괜히 드러내서 일이 커지면 나만 곤란해지는 거 아닌가?'

'똥이 무서워서 피하나? 더러워서 피하지…'

맞아요. 피하는 게 상책이긴 합니다. 하지만 현실적으로 모든 상황에서 피할 수는 없어요. 특히 직장처럼 지속적인 관계가 필요한 상황에서는 더욱 그렇죠. 때로는 대면하고 대처를 해야 합니다.

물론 그런 생각과 행동도 충분히 이해는 가지만 무작정 회피한다고 해결되지는 않는다는 것이 문제예요. 그래서 불편한 과정을 경험해야 하고 때로는 갈등의 여지가 있을 수도 있습니다. 하지만 말씀하신 상황이 또 생긴다면 즉각적인 의사소통과 피드백이 필요할 것 같습니다.

먼저 업무 완성도가 떨어지고 실수를 한다면 그 사람에게 비난이나 공격적인 언어가 아닌 이성적인 접근을 통한 사실적인 피드백을 해주세요. 공감 능력이 부족하거나 자기중심적인 사람과 대화하는 것은 쉽지 않지만, 그들이 무의식적으로 잘못된 행동을 할 때는 문제를 지적하고 설명하는 것도 하나의 방법입니다. 또한 상대방의 행동이 선을 넘었을 때나 거짓된 말을 할 때는, 그에 대한 반응을 미리 준비해두고 분명하게 말할 필요가 있습니다.

"○○ 씨가 언급한 아이디어가 제가 지난 회의에서 제안했던 것과 유사하네요. 그때 말씀드린 내용이 이와 관련 있었는데, 그 부분에 대해 더 설명해드릴까요?"

"제가 이번 프로젝트에서 기여한 내용이 A부터 B까지였는데, 팀장님께 제대로 보고가 안 된 것 같아요. 제가 직접 이 부분에 대해 자세히 말씀드리고 싶습니다."

이렇게 사연자님이 한 일에 대해 정확하게 언급하는 겁니다. 이러한 과정이 중요한 이유는 바뀔 것이 없다고 인정하고 넘어가는 순간 그 사람의 행동이 강화될 수 있기 때문입니다.

'이렇게 해도 되는구나.'

'다들 별로 신경 안 쓰네?'

'이런 게 다 생존을 위한 방법인 거야.'

이런 식으로 자신의 행동을 정당화하고 긍정적인 자아존중감을 유지하기 위해 상황을 재구성할 겁니다. 상황이 본인의 의지에 맞게 재구성되면 이후에도 같은 행동이 반복되겠죠. 나만 참으면 된다고 생각해서 그냥 넘어갈 수도 있겠지만, 내가 아닌 누구든 피해자가 될 수 있기에 비슷한 상황이 지속적으로 반복된다면 리더와의 상의를 통해 상황을 인식시키고 재발 방지를 위한 기준을 만들어야 합니다.

마지막으로 말씀드리고 싶은 것은 업무 능력이 떨어지는 사람은 어디에나 있다는 것입니다. 조직마다 인재 채용 기준이 있으니 역량이나 능력도 비슷할 것 같지만 경험, 기술, 지식 수준은 사람마다 차이가 나고, 무엇보다 동기부여, 개인의 신념, 업무 환경, 리더의 관리에 영향을 받는 정도에 따라서도 차이가 납니다.

누군가가 사회 초년생 수준의 업무 역량을 가지고 있다 하더라도, 함께 일하는 동료라면 그들의 수준에 맞는 업무 분담과 피드백을 통해 작은 성공 경험을 쌓으며 성장할 수 있도록 도와주는 건 어떨까요? 물론 회사가 교육기관도 아니고 사회복지단체도 아니지만 역량이 부족한 직원을 교육하고 지원해야 할 책임은 있습니다.

아마도 불편한 행동을 하는 그 동료는 많은 실패 경험과 부정적인 피드백 때문에 조직에서 버티는 것만을 생존 전략으로 삼았을 겁니다. 실패했을 때 다음에 잘할 수 있도록 교육하고 의욕을 고취시키는 것도 동료나 조직의 책임 중 하나입니다. 물론 당사자가 도움을 필요로 해야 하고, 조직과 관리자가 더 큰 책임을 져야 하는 일입니다. 하지만 이는 더 긍정적이고 단단한 인간관계를 만들어가는 과정이 나의 커리어 성장과 팀의 성공에도 도움이 된다는 점을 기억하시면 좋겠습니다.

팀장이 자기 잘못을
자꾸 덮어씌웁니다

　팀장 때문에 너무 불편하고 짜증이 납니다. 팀장은 업무에 문제가 생길 때마다 담당자에게 "내가 팀원 교육을 잘 시킬게. 걔가 이해를 잘 못해서 그래." 이런 식으로 말합니다. 팀장이 지시한 대로 한 일이어도 말이죠. 이런 일이 꽤 자주 있는데 항상 기분이 나쁘고 너무 불편합니다.

　하루는 얘기를 나누자고 하길래 갔더니 자기는 팀장이라 자기 실수로 문제가 생기면 뒷수습이 복잡해지지만, 저는 팀원이라 문제가 생겨도 자기가 커버하면 여파가 적어서 그렇게 말한 것이니 이해해달라고 하더군요. 앞으로도 계속 이런 식으로 수습할 거라는 말도 덧붙였습니다. 정말 매우 불편하고 짜증 나는 이 상황을 어떻게 극복해야 할까요?

살다 보면 누군가의 이기적인 행동 때문에 희생양이 되는 경우가 있습니다. 안타깝게도 직장에서는 팀장이나 상사의 비윤리적인 자기방어 전략 때문에 피해를 당하는 사례가 너무나 많아요. 분명 지시한 대로 했고, 그도 잘 알고 있으면서 문제가 생기면 책임을 전가하는 태도는 신뢰를 깨는 행위라고 볼 수밖에 없습니다.

그런데 여기에 덧붙여 뻔뻔하게 이해해달라고 얘기하다니 "나는 소중하니까 문제가 생기면 네가 책임을 져달라."는 말처럼 들립니다. 본인의 잘못은 숨기는 것으로 '수습'할 수 있을지언정 상사의 잘못을 뒤집어쓴 나의 평판은 나빠지기만 할 텐데 이건 어떻게 수습할 수 있을까요? 전형적인 권력남용형 직장 빌런입니다.

그런데 조직 안에서 일어나는 일이다 보니 수직 관계에 의해 이러지도 저러지도 못하고 분명 팀장의 잘못된 태도와 행동인 줄 알면서도 혼자만 억울함, 답답함, 무력감, 좌절감 등을 느끼게 되니 참 안타깝습니다. 이러한 상황이 반복되면 최선을 다해 일하는 노력이 폄하되고, 존중받지 못한다고 느낄 수밖에 없죠. 더불어 자신의 위치 때문에 실수를 인정하기 어렵다고 말하면서, 앞으로도 그렇게 행동할 거라고 한다면 너무 힘드실 것 같아요.

이때 절대 감정적으로 대처해서는 안 됩니다. 이 상황에서 어떻게 대처하는 것이 내가 추구하는 직장의 가치와 목표에 부합할지를 고민하고, 어떻게 행동하는 것이 나에게 가장 도움이 될지를 선택해야 해요. 먼저 팀장이 그런 행동과 태도를 보이는 이유를 한번 정리해보면 도움이 될 듯하네요.

우선 책임 회피와 그 기저에 있는 불안이 주요 원인일 겁니다. 팀장이라는 위치와 책임에 대한 불안감은 그가 언급한 것처럼 자신의 실수가 조직 전체에 큰 영향을 미칠 수 있다는 생각을 기반으로 하겠죠. 물론 비합리적인 신념 체계라고 할 수 있겠지만 팀장이 실수하면 리더의 역량에 문제가 있다는 인식을 줄 수 있고, 그렇게 되면 팀을 이끌기가 어려울 수도 있다거나 팀 간 경쟁에서 우리 팀이 무시당할 수도 있다는 생각 때문에 불안한 거죠.

이러한 상황을 피하기 위한 방어기제로 책임을 전가하는 겁니다. 기능적이지 않은 자기 보호 체계, 즉 자신을 보호하려는 본능적인 행동이 오히려 부정적인 결과를 초래하거나, 상황에 맞지 않게 작용하는 경우라고도 볼 수 있습니다. 자신의 능력, 평판, 이미지 등을 보호하려는 심리적인 경향성 때문인데, 만약 자신의 실수를 인정하게 되면 리더십이나 능력에 대한 부정적인 평가가 이어질까 봐 두려워 내가 아닌 누군가에게 책임을 전가하는 것입니다.

팀장의 권위와 통제력을 유지하고자 하는 욕구도 원인으로 볼 수 있습니다. 권위는 완벽함과 무결성에서 나온다는 전통적인 인식을 갖고 있어서, 자신이 실수를 인정하면 판단력이나 능력이 부족하다고 여겨질까 두려워하는 겁니다. 그래서 자신이 약하게 보일 수 있는 상황을 피하고, 권위를 유지하려는 방어기제가 작용했던 겁니다. 하지만 그러한 인식은 정말 구식 리더십입니다. 리더가 실수를 인정하는 것은 겸손과 책임감을 보여주며, 팀 내 신뢰와 존경을 쌓는 데 중요한 역할을 합니다.

불행히도 성공과 인정욕구만을 쫓으며 남에게 피해를 주는 사람은 어느 조직에나 있습니다. 문제는 팀장은 책임과 의무가 명확한 직책이라는 것입니다. 팀장은 팀의 목표를 위해 팀원을 이끌고 지원하는 역할을 맡은 리더입니다. 단순히 관리자가 아닌 팀원이 목표를 위해 개인의 능력과 잠재력을 발휘할 수 있도록 동기를 부여하고, 방향을 제시하며, 필요한 자원과 지침을 줄 수 있는 사람이어야 합니다. 명확한 목표 의식, 효과적인 의사소통, 역할과 책임, 신뢰, 주도권과 자율성, 다양성과 포용성, 공정성 등의 역량을 기반으로 팀원들이 심리적인 안정감을 가지고 본인들의 역량을 최대로 끌어올리며 성장할 수 있도록 도와야 합니다. 기업에서 리더십 교육에 끊임없이 투자하는 이유이기도 합니다.

그런데 안타깝게도 사연에서의 팀장은 제대로 리더의 역할을 하고 있지 못하고, 오히려 신뢰를 깨고 개인의 성장을 방해하고 있습니다. 그렇게 행동하는 심리는 분석해보았지만 그게 갈등을 해결해주진 못하죠. 이제 나 스스로를 보호하기 위한 대책을 생각해봐야 합니다.

물론 팀장과의 친밀도, 업무 진행에 대한 합의, 팀장의 역량 등 많은 변수를 정리해야 합니다. 이러한 기반 위에 내 생각과 의도를 명확하게 팀장에게 전달하는 것이 중요합니다. 어떻게 될지 모르는 상황에서의 대응 전략도 미리 수립해야겠지요. 외적인 전략 준비와 함께 나 자신에 대한 관리, 자기 보호, 정서적 지지를 통한 이해와 공감 등 내재적인 안정과 지원을 위한 준비도 함께 진행해야겠습니다.

물론 나와 의견이 다르거나 권위를 앞세우는 사람과 함께 이야기하는 것이 결코 쉬운 일은 아닙니다. 그럼에도 이러한 전략과 실행은 나쁜 아니라 팀의 심리적 안정을 위해 매우 중요한 과정임을 생각해보길 바랍니다.

내 입장과 의견을 명확하게 전달할 때는 그의 잘못이나 문제점을 지적하기보다는 태도, 행동, 상황 등으로 인해 내가 경험한 감정, 고민, 갈등을 중심으로 이야기를 풀어나가셨으면 해요.

"팀장님의 지시에 따라 진행된 일에 있어 저마다 다른 의견이 있을 수 있고, 저 또한 다양한 의견과 의도 등을 미리 파악하지 못한 부분이 있을 수 있습니다. 그럼에도 문제가 발생했을 때 모든 책임이 저에게만 있다고 정리가 된다면, 제 능력을 의심하게 되고 그간 함께했던 팀에 대한 신뢰와 열정도 떨어질 수밖에 없습니다. 솔직히 저는 지금 무력감도 느껴지고 억울하기도 합니다. 요즘엔 힘들어서 업무에 집중할 수 없는 상황입니다."

이런 식으로 그의 잘못보다는 결과적으로 내가 느끼고 힘들어하는 부분을 명확하게 전달하는 것입니다. 이러한 노력은 팀장의 태도와 행동이 팀원에게 미치는 영향을 명확하게 전달함으로써, 팀장 자신이 행동에 대한 문제성을 인식하고, 이로 인해 문제가 발생할 수 있다는 문제의식을 심어주는 작업입니다. 더불어 이러한 문제가 발생했을 때 어떠한 해결의 노력과 조치가 있었는가는 매우 중요한 문제의 책임과 판단의 근거가 됩니다.

　명확한 의사의 전달과 함께 업무 진행에 있어서 상사의 지시, 의견, 피드백, 합의 등을 기록해두는 것도 중요합니다. 이메일이나 메신저 등 팀장과의 업무상 대화는 필요할 경우 문서화해두고, 되도록 공식적인 팀 메신저를 통해 업무 지시나 보고가 이루어진다면 공식적인 절차가 확인될 수 있을 것 같아요. 앞으로도 같은 상황이 지속된다면 어떠한 상황이 발생할지 모르기 때문에 나를 보호하기 위한 준비는 꼭 필요합니다. 혹시나 문제가 생기고, 공식적인 조사가 이루어질 때 어떻게 해서 이러한 결정이 이루어졌는지를 확인할 수 있는 근거를 모으고 정리하는 과정입니다.

　마지막으로 가장 중요한 것은 내 마음을 보호하는 것입니다. 불편한 일들이 벌어질 수밖에 없고, 공격받았다는 느낌이 들 수도 있는 상황이 생길 수도 있잖아요. 이럴 때는 분노나 억울함, 자괴감 같은 감정을 이해하고 관리하며 보호하는 것이 절대적으로 필요합니다. 이러한 자기 관리와 보호가 없다면 문제를 감정적으로 바라보고 해결할 수 있기 때문이죠.

　나를 불편하게 하는 대상과의 거리를 두고 경계를 설정하는 것도 중요합니다. 자주 마주치게 되면 감정이 나도 모르게 올라오기 때문에 적당한 거리를 유지하기 위해 노력해주세요. 더불어 정서적으로 의지할 수 있는 회사 내 관계를 통해 현재의 상황을 공유하고 공감받는 시간을 가져보세요. 나를 이해해주고 공감해주는 대상이 있는 것만으로도 마음속에 일어나는 문제의 많은 부분이 해결될 수 있습니다.

일머리 없는 사람이라는
평가를 들을까 봐 걱정돼요

올해 3년 차에 접어들어 이제 신입이라고 할 수 없는 연차가 됐는데도 아직 일을 제대로 하고 있다는 생각이 들지 않습니다. 이 정도 연차면 조금 더 넓은 시야를 가지고 업무를 이해하고, 여러 가지 일을 동시에 해낼 수 있을 줄 알았는데 그저 일 하나하나 처리하는 것도 벅찹니다.

게다가 강박적인 성격이라 이미 완료한 일을 여러 번 다시 확인한다거나 중요하지 않은 일에 많은 시간을 쓰기도 합니다. 일 처리 속도가 느리니 '일머리 없는 사람'이라는 소리를 들을 것 같아 성격을 고치고 싶은데 잘 안 됩니다.

3년 차라면 이제 신입 사원의 티를 벗고 스스로 할 일을 하나씩 찾아가며 존재감을 형성하고 성장한다는 자부심을 키워야 할 시기인데 걱정이 많을 것 같습니다. 연차가 쌓일수록 더 능숙하고 효율적으로 일할 수 있을 거라는 기대가 있지만, 현실은 그 기대와 다를 때가 많죠. 일이 돌아가고 있는 전체적인 그림도 보고, 내가 처리해야 할 업무를 파악하며, 누군가가 지시하지 않아도 준비할 수 있는 수준의 능력과 역량을 갖고 싶었는데, 아직은 지시된 업무만 처리하는 것도 버거워하는 자신이 답답하게 느껴질 때도 있었을 겁니다.

'나 뭐 하고 있지? 이 정도 수준밖에 안 되나? 다른 사람들은 잘하는 것 같은데 나는 왜 이러지?'

이러한 생각에 머무르다 보면 충분히 잘할 수 있다는 생각에 의심이 들고 불안감이 상승합니다. 이러한 상황이 오래가면 일을 할 때 열정이나 동기가 급격히 감소하고 우울감이나 자괴감 등 부정 감정이 가득 차게 됩니다.

그런데 제가 직장에서 상담을 하다 보면 3~5년 차 되는 분들의 고민이 대부분 비슷합니다. 개인 성향이나 조직의 환경은 다르지만, 일을 더 잘하고 싶은 마음과 전문성을 갖춘 인재로 성장하고 싶은 마음을 가진 분이 많았습니다. 점점 더 큰 책임을 맡기 시작하니 그에 따라 업무 역량도 성장해야 하는 시기거든요. 커리어에서 중요한 시기인 만큼 다들 스트레스가 클 수밖에 없습니다. 각자 문제를 해결하는 방법은 다르겠지만 그 문제의 시작점은 변화의 시점에서 경험하는 성장통이라고 할 수 있습니다.

'성장통'이라는 말은 어린이가 신체적으로 성장하는 과정에서 느끼는 육체적인 통증을 의미하지만, 변화와 발전의 과정에서 발생하는 정신적·감정적 어려움을 표현하는 단어로도 많이 쓰입니다. 개인의 역량, 지식, 자아에 대한 인식 등을 확장해나가는 과정에서 경험하게 되는 어려움이나 고통을 말하죠. 이러한 성장통은 성장을 위해 꼭 필요하지만 존재에 대한 불안, 실패에 대한 두려움, 기준 없는 자기 의심 등의 과정을 잘 관리하지 못하면 번아웃, 우울과 불안, 자존감 저하로 인해 더 큰 아픔을 경험하기도 합니다.

일 하나 처리하기에 급급하고, 넓은 시야로 일을 바라보는 것도 어려워하는 건 사회 초년생이라면 누구나 경험하는, 성장 욕구와 현실의 괴리로 볼 수 있습니다. 업무 경험을 통해 노하우가 축적되면서 역량이 쌓여야 가능해지는 일이니까요.

하루아침에 일을 잘하는 방법은 없습니다. 지금 이런 고민을 하고 있다는 것 자체가 이미 일에 대한 책임감을 갖고 있고, 더 나아지려는 마음을 가지고 있다는 증거이고, 일 잘하는 사람의 자세를 갖고 있다고 할 수 있습니다. '무엇을, 어떻게 해야 될까?' 하는 질문은 성장을 위한 전략을 구축하는 근간이 되기 때문이죠.

인내심을 갖기 위해서는 긍정적인 자아의 이미지를 유지하는 것이 중요합니다. 일을 잘하고 못하고에 집중하기보다는 나의 강점을 인식하고 나를 믿는 긍정적인 자세를 유지하기 위해 노력해야 합니다.

이때는 날카롭거나 비판적으로 평가하는 사람보다는 이해하고 공감하며 객관적으로 나를 바라볼 수 있는 사람과 함께 하는 것이 중요합니다. 되도록 회사 안에서 나의 상황을 잘 알고, 따뜻한 말로 격려해줄 수 있으며, 필요할 때 성장을 위한 도움을 기꺼이 줄 수 있는 선배를 가까이하는 것도 좋은 방법입니다. 동기들과 이야기하면서 힘들고 어려운 과정이 나만의 문제가 아니라는 것을 공감하고 정서적으로 서로를 지지할 수 있으면 더 좋습니다.

관계를 통해 지지를 받았다면 이제 성장을 위해 무엇을 해야 하는지를 정리해야 합니다. 조직의 목표와 내가 바라는 업무 역량의 수준을 명확하게 정하고, 그 수준이 되기 위해 무엇을 경험하고 학습해야 하는지를 구체적으로 생각해보는 겁니다. 합리적이지 않거나 기반이 없는 목표와 방향은 오히려 성장의 방해 요인이 된다는 것을 잊지 마세요.

마지막으로 업무에서 나타나는 강박적인 성향에 대해 말씀드릴게요. 이는 완벽주의로 이어지며, 이미 끝낸 일을 다시 확인하거나 사소한 세부 사항에 집착하는 식으로 나타날 수 있습니다. 그렇게 되면 일 처리 속도는 더 늦어지고, 더 중요한 업무에 집중하는 데 방해가 되며, 결과적으로 효율성과 생산성을 떨어뜨립니다. 이런 성향은 본인은 물론 주변 사람들에게도 부정적인 영향을 미치게 되는데요. 사소한 실수에 대한 과도한 걱정이나 불필요한 반복 작업은 팀의 업무 흐름을 방해할 수 있습니다.

심리학적으로 강박적인 성향은 불안에 대한 통제 욕구와 깊은 관련이 있습니다. 즉, 실수를 통해 자신이 부정적으로 평가되거나 결과가 나빠질 것을 두려워하여 통제 가능한 범위 내에서 모든 것을 완벽하게 하려는 것이죠. 그러나 이는 장기적으로 자신을 소진시키고 창의성을 억압하며 집중력도 떨어뜨립니다. 이 과정이 반복되면 '일머리가 없는 사람'

이라는 평가를 받을 겁니다. 결국 일머리의 핵심은 스스로에 대한 긍정적 이미지와 신뢰 그리고 효용감이라고 할 수 있습니다.

사실 대개 사회 초년생에게 일머리가 있다고 할 때는, 맡겨진 업무를 시간 내에 마치고, 상사나 사수의 지시를 정확하게 이해하며 피드백에 따라 잘 고쳐나가는지를 기준으로 삼습니다. 또한 상사가 어떤 일을 지시할 때 100% 완벽한 결과물을 기대하진 않습니다. 완벽한 결과물이 나올 가능성도 거의 없고요. 이건 고연차의 경우에도 마찬가지입니다. 완벽하려고 애쓰기보다 사회 초년생에게 기대하는 수준을 달성하자는 마음으로 조금 여유를 가져보시길 바랍니다.

일머리가 없다는 말을 들을까 봐 불안해하는 마음은 누구보다 더 잘하고 싶다는 책임감에서 비롯된 것임을 잊지 마세요. 강박적인 성향이 때로는 당신을 지치게 할 수 있지만, 그만큼 섬세하고 꼼꼼하게 일을 처리하려는 노력의 일환이기도 합니다. 완벽하지 않아도 괜찮으니, 자신을 너무 몰아붙이지 말고 조금 더 유연한 태도로 자신을 믿으세요.

9

제가
꼰대인가요?

최근 저희 팀에 신입 사원이 들어왔습니다. 20대 후반이면 나이도 어느 정도 있는데, 간단한 일도 찾아볼 노력은 안 하고 하나하나 다 물어봅니다. 모르는 건 먼저 찾아보라고 말도 했고, 업무 관련해서 공부할 수 있는 책도 사다줬습니다. 그런데 제 말은 듣지도 않는 것 같아요.

저는 신입 때 모르는 건 혼자 찾아보면서 정말 힘들게 보냈었는데, 요즘 들어오는 신입 사원들을 보면 그런 노력은 하나도 안 하는 것 같아서 힘드네요. 어렵게 쌓아온 제 노력과 경험을 그저 날로 먹으려는 것 같습니다. 그러다 보니 제대로 알려주고 싶지가 않아요. 제가 '꼰대'인 걸까요?

직장에서 누구의 도움 없이 스스로 길을 개척하고, 시행착오 속에서 배우며 성장한 사람에게는 그 독보적인 경험과 지혜가 무척 소중한 자산입니다. 다른 사람들이 쉽게 넘지 못하는 장벽을 수없이 넘고 인내와 끈기로 버티며 그 누구도 흉내 낼 수 없는 노하우를 만들었을 겁니다. 사원 교육 시스템이 제대로 갖춰져 있지 않거나 도제식으로 일을 익혀야 하는 직장이라면 '맨땅에 헤딩'을 해가며 스스로 성장하는 수밖에 없는데요. 모든 것이 처음이라 불안하고 두렵고 새로운 환경 속에서 이리저리 부딪치고 깨지면서 마음의 피투성이가 된 적도 있을 겁니다. 이런 과정을 통해 현재의 성장을 만들어왔기에 과거의 고생과 그만큼의 노력에 특별한 애착을 가지고 있으시겠죠.

공들여 쌓은 나의 노하우를 신입 사원이 쉽게 얻으려 하는 모습을 보며, 당혹감과 불편함을 느끼는 것은 너무나도 자연스럽습니다. 사연자님은 그 노하우를 만들기 위해 실패와 좌절을 겪으면서 하나하나 깨우쳐 나갔는데 신입 사원은 그 과정을 건너뛰고 쉽게 얻으려는 태도를 보이고, 더군다나 선배로서 업무에 필요한 책까지 사다줬는데 공부를 할 생각도 안하는 것 같다면 '내가 왜 이렇게까지 하는 거지?'라는 허탈함도 드셨을 겁니다.

많은 희생을 감수하며 확립한 내 가치와 기준에 반하는 신입 사원을 대하는 순간 앞으로의 험난한 일과 관계를 상상하며 혼란과 충격을 받으셨을 것 같아요. 그런 태도를 안 이상 나의 노하우들을 신입 사원에게 가볍게 전달해주고 싶은 마음이 들지 않은 것도 당연합니다. 적극적으로 배우겠다는 의지나 노력하는 모습이 있다면 잘 가르쳐주고 끌어가야겠다는 생각이 들 겁니다. 하지만 쉬운 것 하나도 스스로 해결해볼 의지가 없어 보이는 모습을 바라보면서 차라리 체념하는 쪽이 더 속 편하겠다는 결론을 내리셨을 수도 있겠어요.

그런데 세월이 지나가고 세대가 바뀌면서 일을 대하는 자세나 태도도 바뀌고 있습니다. 이러한 변화를 옳거나 옳지 않다고 딱 잘라 판단할 수 있는 건 아닙니다. 그럼에도 내가 살았던 삶의 배경, 환경, 문화 등을 기준으로 새로운 세대의 삶을 바라보다 보니 '저들은 왜 그럴까?' 생각하게 되고 어떻게 해야 할지 혼란스러워집니다.

오죽했으면 기원전 2400년경 이집트의 고대 지혜문학 〈프타호테프 교훈The Instruction of Ptahhotep〉에서는 젊은이들에게 삶의 지혜, 도덕적 가치, 사회적 행동 규범을 전하면서 세대 갈등을 다루고 있을까요. 프타호테프 교훈은 젊은 세대가 나이든 세대의 가르침을 충분히 이해하지 못할 가능성을 언급하며 세대 간의 조화와 존중을 강조하며 이것이 사회적 성공과 개인의 성취를 위한 길이라는 메시지를 전합니다. 그뿐 아니라 여러 고대 문서, 서신, 무덤의 각인 등에서는 선대에 대한 존경과 사회적 가치와 질서를 강조하면서도 젊은이들의 행동에 대한 비판적 내용을 담고 있습니다. 이렇게 세대 간의 가치, 행동, 태도 등의 차이에서 오는 갈등은 영원히 사라지지 않는 삶의 주제일 테고, 그 기저에는 시대와 문화를 넘어서는 세대 간의 의사소통과 상호이해의 문제가 깔려 있습니다.

다른 차원에서 본다면, 신입 사원의 태도는 세대가 다른 데서 기인한 게 아닐 수도 있습니다. 세상의 인간은 모두 다릅니다. 단 한 명도 동일하지 않아요. 개인은 그가 살아왔던 환경, 부모의 양육 태도와 가치, 다양한 학습과 경험을 바탕으로 성장합니다. 그 과정에서 형성된 가치관도 다르니, 그에 따라 일을 대하는 마음가짐과 태도, 행동 등도 모두 다를 것입니다. 어쩌면 '요즘 애들'이라고 일반화시키는 것에도 무리가 있다는 것이죠.

그러니 이런 고민을 하는 본인이 '꼰대'인지 걱정할 필요는 없을 것 같아요. 사실 꼰대인지 아닌지보다는 내가 축적한 경험 그리고 그 경험을 통해 구축했던 일에 대한 가치관이 다른 직원에 대한 갈등을 더 중요하게 살펴봐야 할 듯합니다.

이렇게 서로의 가치관 사이에 불일치가 발생할 때는 당연히 불편과 혼란을 경험할 수밖에 없어요. 내가 절대적이라고 생각하는 가치와 기준이 공격당했다고 생각할 수 있기 때문이죠. 그리고 여기에는 확증편향Confirmation Bias과 기대Expectancy라는 심리적 기저가 작용합니다.

'확증편향'은 자신의 믿음 체계에 부합하는 정보만을 선택적으로 수용하며 반대되는 것들은 무시하거나 경시하는 경향에 대한 이론입니다. 일에 있어서 나와 다른 가치, 태도, 행동을 보이는 사람을 '성장하지 못한', '잘못된', '일반적이지 않은' 사람으로 규정할 가능성이 높다는 거예요. 내가 생각할 때는 잘못된 것인데 그걸 반복하는 그 사람을 보면 '저 친구는 왜 저럴까?'라는 생각이 들고 결국 갈등이 생길 수밖에 없습니다.

'기대'는 개인의 태도나 행동에 대해 특정한 보상을 기대하는 동기부여 이론입니다. 그런데 기대와 결과 사이에 불일치를 경험하게 되면 무언가를 해야겠다는 동기가 사라지게 되죠. 일에 도움이 되는 책을 사주는 등 무언가 도움을 주었음에도 결과적으로 책은 읽지 않고 변화 없는 태도를 보게 된다면 의도와 결과 사이에 불일치를 경험하게 됩니다. 이렇게 되면 행동에 대한 결과적 가치, 노력에 대한 효능감이 줄어들어 누군가의 적응과 성장을 돕고 싶다는 동기가 사라질 수밖에 없겠죠.

이런 상황이 지속되면 상이한 가치관과 태도를 가진 사람을 향한 분노, 불안, 억울함, 혼란 등 심리적 불편감이 증가합니다. 자신뿐 아니라 상대도 불편감을 느끼게 되고 직장에 대한 만족감이 떨어지며 성장에 대한 욕구, 관계 구축 등에 더욱 소극적이게 될 수 있죠. 더불어 대화가 끊기거나, 서로의 의도를 오해하는 등 의사소통의 문제가 생겨 갈등과 충돌이라는 최악의 시나리오가 완성됩니다. 그렇기에 되도록 초기에 문제를 해결하기 위한 빠른 개인적·조직적 차원의 개입이 필요합니다.

내가 바라보는 기준에서의 다름이 옳거나 옳지 않거나의 문제가 아니라면 어떤 접근을 통해 당면한 문제를 해결할 수 있을까요?

우선 세상에는 다양한 가치관이 존재할 수 있음을 이해해야 합니다. 일과 삶의 균형, 마음의 건강, 성장 등 모든 부분에서 사람마다 각자의 기준이 있으며, 내 경험과 삶의 배경이 항상 옳은 것만은 아니라는 가치 확장과 수용이 우선되어야 합니다. 직장 생활에서는 일이 우선되어야 하고, 일을 잘하기 위해서는 많은 경험이 필요하며, 스스로 배우려는 의지를 통해 성장해야 한다는 전제는 저도 동의합니다. 하지만 일에 대한 동기와 일을 풀어가는 방식 그리고 결과물을 바라보는 판단 기준은 절대적이지 않을 수 있어요.

나아가 내가 상대방을 바라보는 모습과 실제의 차이를 확인하기 위한 깊이 있는 대화가 필요합니다. 그 차이가 오해를 더욱 깊게 만들기 때문이죠. 이때 무엇보다 상호 존중과 이해를 바탕으로 어떠한 이야기도 충분히 듣겠다는 마음가짐과 함께 불필요한 오해를 방지하기 위해 되도록 명확하고 직접적인 의사소통이 필요합니다. 혹시 모를 일방적인 대화, 감정적 소진을 방지하기 위해 상황을 중재할 수 있는 리더나 전문가가 대화의 조력자로서 참여하는 것도 좋습니다.

심리상담 전문가로서 이러한 대화에 함께하다 보면 의외로 서로 간의 오해가 갈등의 시작인 경우가 많았습니다. 신입 사원의 문제 행동과 태도에도 이유가 있었던 거죠. '아직 모든 것이 낯설어서, 뭘 해야 할지 몰라서, 아직 일이 시작되지 않았다고 판단해서, 모르는 것을 물어보려면 어느 정도 지식과 경험이 있어야 하는데 그렇지 못해서, 왠지 방해되는 것 같아서, 행동 하나하나가 조심스럽고 어떻게 판단될까 두려워서'

등 듣고 보면 이전의 행동이나 상황이 이해되었습니다.

이처럼 긍정적인 방향의 노력도 있겠지만 차라리 신경 쓰지 않아야 하는 때도 있습니다. 사용해야 할 에너지에 비해 기대하는 변화의 결과가 미미하다고 판단되거나, 서로 다른 가치관으로 인한 갈등이 아니라 능력과 역량의 차이라면 전혀 다르게 접근해야 합니다. 신입 사원의 능력을 강제로 끌어올리려는 노력보다는 업무 재조정이나 부서 변경을 통해 더 적합한 역할을 찾도록 하는 것이 더 나은 해결책일 수 있습니다. 또한 성장의 의지가 없는 사람에게 신경 쓰기보다는 자신의 목표에 집중하고, 필요한 경우 관리자에게 알리는 것도 하나의 방법입니다.

결국 신입 사원과의 갈등을 해결하거나 관계를 발전시키는 것은 상황에 따라 다르게 접근해야 합니다. 그들과 소통하기 어렵고 피드백을 통해 긍정적인 변화를 이끌어낼 수 없다면, 에너지를 낭비하는 대신 적절한 거리를 두는 것이 더 나은 선택일 수도 있습니다. 중요한 것은 나의 에너지를 어떻게 사용하는지에 대한 명확한 판단이며, 때에 따라선 관리자나 시스템에 문제를 넘기는 것이 효율적인 선택일 수 있습니다. 모든 상황에 알맞은 정답은 없지만, 각자의 역할과 경계를 명확히 하면서 최선의 결정을 내리는 것이 필요합니다.

10

편애하고 차별하는
팀장 때문에 괴롭습니다

저희 팀장은 자기에게 잘해주고 좋은 말만 해주는 직원만 편애를 합니다. 팀장 개인에게 건의하는 말이나 팀 전체에 대한 비판적인 의견을 내면 굉장히 듣기 불편해합니다. 최근에 어떤 프로젝트를 진행하며 문제가 생겨 면담을 신청했는데 면담하는 동안 계속 듣기 싫다는 티를 내서 당황스러웠습니다. 저는 도움이 필요해서 개인 면담을 요청한 건데 그 이야기도 다른 친한 직원들에게 말한 것 같습니다.

평소에도 사람을 대하는 태도에서도 차별적이고 불공평하다고 느껴지는 때가 많아요. 승진이나 연말 평가에서는 팀장이 편애하는 직원들이 좋은 평가를 받았고, 저는 분명한 성과가 있었는데도 승진에서 밀렸습니다. 이런 일이 자주 있다 보니 스트레스도 많이 받고 불면증이 심해져서 상담을 받고 있습니다. 팀장은 제가 그만두길 바라는 걸까요?

팀장이 몇몇 팀원들과 눈에 띄게 친밀한 관계를 유지하고 있다면 나만 동화되지 못하고 소외되고 있다는 느낌을 받게 되죠. 더군다나 팀장에게 잘 보이려면 가신家臣처럼 좋은 말만 해야 한다니 성향에 맞지 않는 사람에겐 곤욕일 듯합니다. 여기까지만 해도 힘든데 차별까지 당하고 있다면 매우 어려운 상황인 것으로 보입니다.

　차별을 당하고 있다는 생각이 들면 자아존중감이 급격히 낮아집니다. 그러면 사람들의 말과 행동 하나하나에 신경을 쓸 수밖에 없어요. 내 말이 그들에게 어떻게 전달이 되는지, 도대체 어떻게 행동해야 하는지 등을 걱정하며 불안한 마음이 생기면 평소 쓰지 않아도 될 에너지를 과도하게 소비하게 됩니다. 그에 따라 무력감과 피로감이 찾아오고 업무 의욕은 저하되며 우울증과 같은 증상이 나타날 수도 있습니다.

　상황을 바꾸기 위해 팀장과 면담을 시도했지만 문제가 오히려 복잡해져버렸다면 더 이상 문제를 해결하기 위해 할 수 있는 것이 없겠다는 생각도 들 겁니다. 그 무력감은 예상보다 더 컸을지도 모릅니다. 직장의 스트레스로 불면증으로 상담까지 받는 수준이라면, 저는 이런 경우, 전문가로서 심리상담을 진행할 때, 문제의 원인을 찾고 변화를 위한 다양한 작업을 수행할 수 있는 상태가 아니라고 판단합니다. 일단은 영점 아래로 떨어진 에너지를 끌어올리고 심리적인 안정을 찾는 것을 최우선 과제라고 봅니다.

아마도 주변 분들에게 현재 상황에 대해 이야기하면 이직을 하라고 하거나, 인사팀에 알려서 회사 차원의 조치를 요구하라고 조언할 겁니다. 하지만 그것도 그럴 만한 에너지가 있을 때나 할 수 있는 일이에요. 지금은 그럴 만한 신체적·정신적 에너지가 없다 보니 머리로 이해해도 막상 무엇을 어떻게 해야 할지 모르실 겁니다.

이럴 때는 휴직을 하거나 장기 휴가를 내서 몸과 마음을 안정시키는 것이 가장 좋습니다. 변화를 위한 에너지를 충전해야 다음 작업을 할 수 있으니까요. 그런데 안타깝게도 회사의 규정이나 팀의 구조 혹은 조직 문화상 쉴 수 있는 여건이 되지 않는다면 어떻게 해야 할까요? 앞도 뒤도 꽉 막힌 듯한 상황에서 하루하루의 직장 생활이 지옥 같기만 한데, 조금만 더 버텨보자는 생각에 시간이 흐르다 보면 문제는 해결되지 않고 몸과 마음의 상처만 더 커집니다. 그래서 저는 정신적인 건강을 위해 퇴사도 고려해보기를 추천하곤 합니다. 버티기만 하다가 더 힘들어하시는 사례를 너무나 많이 봐왔기에 때문입니다.

현대사회의 직장인들은 이처럼 정신적 스트레스로 인한 '직업적 위기Occupational Hazard'를 겪는 사례가 점점 더 많아지고 있습니다. 이탈리아 출신의 의사 베르나르디노 라마치니Bernardino Ramazzini는 '직업적 위기'라는 개념을 최초로 제시한 사람입니다. 1700년에 출간된 그의 저서 『노동자의 질병에 대하여De Morbis Artificum Diatriba』에서 직업병과 직업적 위험에 대해 체계적으로 설명했습니다. 이 책에서 정의한 직업적 위기의 유형은 다음과 같습니다.

· 신체적 위험: 작업 중 발생할 수 있는 부상이나 사고입니다. 예를 들어 건설 현장에서의 낙상, 기계 작동 중의 사고, 화학 물질에 의한 화상 등이 있습니다.

· 화학적 위험: 유독성 화학물질, 가스, 먼지, 연기 등에 장기적으로 노출되었을 때 발생할 수 있는 위험을 의미합니다. 예를 들어, 화학 공장 근로자는 이러한

위험에 직면할 가능성이 높습니다.

· 생물학적 위험: 질병을 일으킬 수 있는 바이러스, 세균, 곰팡이 등에 노출되었을 때 발생하는 위험입니다. 특히 의료 종사자, 실험실 연구원, 또는 농업 종사자들이 생물학적 위험에 더 자주 노출됩니다.

· 심리적 위험: 높은 스트레스, 긴장, 과도한 업무 압박, 직장 내 괴롭힘 등으로 인해 발생할 수 있는 정신건강 문제를 의미합니다. 이는 직업적 번아웃이나 우울증, 불안과 같은 상태로 이어질 수 있습니다.

· 사회적 위험: 직장에서의 차별, 괴롭힘, 불평등한 대우로 인해 발생하는 위험입니다. 이러한 사회적 요인은 근로자의 심리적, 감정적 건강에 부정적인 영향을 줄 수 있습니다.

이는 근로자들이 직업에 종사하면서 겪을 수 있는 다양한 건강 문제를 다룬 최초의 의학적 논문으로 평가받고 있습니다. 라마치니는 여러 업군에서 발생하는 건강 위험 요인을 최초로 분석했으며, 이는 오늘날 우리가 '직업적 위기'라고 부르는 개념의 초석을 마련했습니다. 현대사회에서는 '심리적 위험'과 '사회적 위험'으로 인해 직업적 위기를 경험하는 사례가 점점 더 증가하고 있습니다. 특히 과도한 업무 스트레스, 직장 내 괴롭힘, 불안정한 고용 환경 등은 많은 직장인들에게 심리적 부담을 가중시키고 있으며, 이는 번아웃, 우울증과 같은 정신 건강 문제로 이어지고 있습니다.

이 문제를 해결하기 위해 다각도로 한번 살펴볼까 합니다. 먼저 인간의 오류 차원에서 접근해보려고 합니다. 리더는 공정성과 형평성을 바탕으로 조직을 운영할 책임이 있습니다. 팀장이 팀원들 간에 차별을 두는 것은 신뢰를 기반으로 하는 리더십의 기본원칙을 위배하는 것이고, 무엇보다 차별을 팀원의 존엄성을 무시하는 행동입니다. 리더로서의 태도, 자질, 관계에서 오류가 발생했다고 볼 수 있어요. 특별히 자신의 영역을 안정적으로 구축하여 심리적인 안정을 취하기 위해 조직 안에서의 관계를 독점·통제·지배함으로써 직업적 위기를 유발했습니다.

다음으로 직장에서 유사한 문제를 겪고 있진 않은지 점검해보세요. 어느 조직에서든 상사와 갈등을 겪고 있다면 나의 태도와 행동에서 수정할 부분은 없는지 찾아보는 겁니다. 우리는 모두 내가 가지고 있는 삶의 기준으로 타인의 행동, 태도, 언어 등을 평가합니다. 타인이 나를 평가하는 것처럼 나도 그들을 평가한다는 것이죠. 이러한 평가의 기준이 좁고 강할수록 서로에게 상처가 되는 경우가 많습니다.

조금 더 풀어서 이야기하자면 팀장 그리고 그와 친밀한 동료를 바라보며 그들의 행동이나 태도를 부정적으로 평가했다면 그 평가는 은연중에 나의 언어와 행동으로 나타납니다. 그렇게 된다면 그들도 거부감과 거리감을 느꼈을 테고, 어느새 관계의 갈등이 깊어졌을 수 있습니다. 어떤 사람에게는 당연하거나 아무렇지도 않은 행동, 가치, 언어 등이 누군가에게 이해될 수 없고, 받아들이기 힘든 것일 수 있습니다. 그런데 나의 가치관이 더 옳다고 판단하고 행동한다면 거기서부터 갈등이 시작될 수밖에 없습니다.

그래서 심리학에서는 타인의 행동이나 생각 등을 이해하고 받아들이는 수용성, 연령이나 성별 그리고 문화 등의 편견을 줄이고 포용하는 다양성, 변화에 적응하고 조절하는 탄력성 등의 용어를 많이 사용합니다. 내 가치와 평가의 기준이 절대적이지 않을 수도 있다는 사실을 받아들여야 문제상황에 직면했을 때 조금 더 성숙하게 해결하고 심리적인 갈등을 최소화할 수 있기 때문이에요.

마지막으로 조직적인 차원에서 살펴보겠습니다. 이는 회사가 그 안에서 발생하는 다양한 위기 요인을 인지하고 처리할 수 있는 조직문화, 리더십 역량, 의사소통 방식을 구축하고 있는가의 영역입니다. 성희롱, 차별, 따돌림, 언어폭력 등 다양한 문제를 개인 차원으로 쉬쉬하고 덮어버리는 것이 아니라, 조직의 문제로 인식하고 해결할 수 있는 시스템을 갖추고 있는가가 직업적 위기에서 직장인을 보호할 수 있는 중요한 근간이 됩니다. 개인이 문제를 조직 차원으로 이슈화했을 때, 조직이 문제의 근원을 객관적으로 판단하고 적극적으로 해결에 나서야 한다는 말입니다. 조직은 직업적 위기를 예방하고 관리하기 위해 정기적인 심리 지원 프로그램, 건강한 근무환경 조성, 그리고 스트레스 관리 교육과 같은 체계적인 대책을 마련해야 합니다.

힘든 상황 속에서도 스스로의 가치를 잃지 않기를 바랍니다. 지금의 어려움이 더 큰 성장을 위한 과정이라고 생각하며, 스스로를 믿고 한 걸음씩 나아가기를 응원합니다.

2장

취직만 하면
끝인 줄
알았는데요

원래 직장인들은
이렇게 우울증이 심한가요?

저는 이제 입사한 지 1년도 안 된 신입입니다. 요즘에는 주말 내내 월요일에 출근할 생각에 걱정되고 불안합니다. 일요일 밤마다 울면서 잠들어요. 저희 회사가 업무 강도도 높고 야근도 많은 데다가 주말이나 공휴일에도 출근하는 날이 잦습니다. 이러다간 진짜 죽고 싶어질 것 같아요. 술을 마셔봐도 스트레스는 풀리지 않고요. 내일이라도 당장 그만두고 싶지만 또 막상 생계가 걱정되니 그만두지도 못하고 있어요.

다들 이 정도로 힘든데 버티고 사는 건가요? 원래는 잘 울지 않는데 최근에는 거의 매일 울게 됩니다. 그런데 저는 살고 싶어요. 어떡하죠? 어떻게 해야 행복해질 수 있나요?

이제 입사한 지 1년이 조금 안 된 신입 사원이라면 첫 직장에 대한 불안과 두려움이 클 수밖에 없습니다. 다양한 교육과 안전한 피드백을 받고, 새로운 것들을 경험하고 새로운 관계를 쌓으면서 회사 생활에 한 단계씩 적응해나가야 합니다. 이렇게 나의 역량과 회사의 구조, 업무의 형태와 흐름을 어느 정도 이해하고, 안정적인 관계가 형성되면서 회사와 업무에 대한 이해를 기반으로 '아, 일은 이렇게 하는 거구나.', '대략의 업무 스케줄에 따라 이렇게 관리하면 되겠구나.', '이런 상황이 되면 누구에게 문의를 해야겠구나.' 등을 정리하게 됩니다. 직장인으로서 성장하는 과정인 거죠.

　신입 사원은 조직과 일에 어느 정도 적응할 시간이 보장되어야 할 텐데, 안정과 적응의 과정 없이 감당하기 버거울 정도의 업무로 몸도 마음도 많이 지쳐 있는 것 같아요. 게다가 저녁과 주말이 보장되지 않는 생활이 지속된다면 아무리 경력이 많은 직장인이라도 예외 없이 힘듭니다.

"다들 이 정도로 힘든데 버티고 사는 건가요?"라고 질문하셨는데 저는 아니라고 답하고 싶어요. 물론 누군가는 힘들고 어렵게 직장 생활을 하다가 마음 건강에 문제가 생기기도 하지만 모든 직장인이 그렇지는 않습니다.

스트레스가 없는 직장은 없습니다. 그 스트레스는 조직 차원의 문제일 수도, 개인의 성향적 요인일 수도 있죠. 직장인 대부분은 자신이 느끼는 스트레스의 원인을 인식하고, 자신만의 방식으로 어떻게든 스트레스를 관리할 기반을 마련합니다. 그건 정서적으로 자기를 보호하려는 본능적인 행동입니다.

그런데 과도한 업무나 잦은 초과 근무 같은 것은 개인이 해결할 수 없는 영역입니다. 조직 차원에서 해결해야 하는 문제인데 신입 사원이 나설 문제도 아니어서 그저 버티는 것밖에 할 수 있는 게 없었을 겁니다. 막막하기만 하니 우울감이 높아지고 눈물만 나는 것도 당연합니다.

계속 우울하고 매일 눈물이 흐른다는 건 몸과 마음이 더 이상 버티기 힘들다고 외치는 경고 신호입니다. 다시 말해 심리적으로도 신체적으로 매우 위험한 상태이며 특히 '죽고 싶다'는 생각이 자주 든다면 심각한 우울증과 번아웃 증상이 나타나고 있는 것입니다. 우울증과 번아웃이 심각해지면 에너지가 바닥나서 변화를 시도할 의욕도 함께 사라져버립니다. 그렇게 되면 전문가의 도움을 받더라도 회복하는 데 오랜 시간이 걸려요.

지금은 커리어나 진로를 생각하며 버티기보다는 잠시 쉬면서 몸과 마음을 치료하는 것이 최우선 과제입니다. 물론 생계가 걱정되는 상황을 이해하지 못하는 것은 절대 아니에요. 하지만 내가 건강해야 그 이후를 생각할 수 있습니다. 지금은 나를 지키고 보호하는 것에 집중해야 할 시간입니다.

되도록 빨리 병가나 휴직을 통해 몸과 마음의 휴식을 충분히 가졌으면 해요. '우울증은 마음의 감기'라는 말을 종종 들어봤을 거예요. 그만큼 우울증을 경험하는 것은 누구에게나 일어날 수 있는 일이고 너무 특별하거나 이상한 일이 아니라는 점을 기억해두세요. 살다 보면 힘든 시기를 만나 누구나 겪을 수 있는 문제입니다. 가장 중요한 것은 감기도 초기에 잡아야 하듯이, 적절한 때에 치료받고 다시 원래의 일상으로 돌아가는 것입니다. 앞으로 펼쳐질 삶을 위해 용기 내어 전문가의 상담과 도움을 받기를 바랍니다.

아직 변화를 위해 힘써볼 정신적·신체적 에너지가 있다고 판단된다면, 상사나 인사 부서와 솔직하게 대화를 해보는 것도 방법입니다. 혼자서 고민하지 말고 업무 강도나 야근에 대한 부담을 줄일 수 있는 방법에 대해 이야기해보세요. 조직

이동이 가능한지, 업무를 조정할 수 있는지, 장기 휴가나 휴직을 할 수 있는지 등 조직에 요구할 수 있는 사항들을 구체적으로 생각해보길 바랍니다. 인사 부서는 직원의 복지를 관리하는 부서로서, 직원의 정신적·신체적 건강에 관심을 가지고 있으며 대화와 협상을 통해 더 나은 업무 환경을 만들 수 있는 지원을 제공할 가능성이 큽니다. 고충을 혼자 끌어안지 말고 필요한 때에는 적절한 도움을 구하는 것이 스스로를 지키는 방법입니다.

이직을 준비하거나 진로를 변경하거나 정서적으로 지지해줄 주변 사람들에게 도움을 청하는 등의 개인적인 노력도 있겠죠. 하지만 전문가로서 판단하자면 지금은 먼저 쉴 시간을 확보하는 것이 가장 중요하다는 생각이 듭니다. 지금은 무언가 변화를 위해 노력할 수 있는 정서적·육체적 에너지가 너무 낮기 때문이에요.

얼마 전 신입 사원의 번아웃 관련 기사를 보고 안타까워했던 적이 있습니다. 최근에 자주 접하게 되는 상담 주제이기도 한데요. 신입 사원의 번아웃은 현대 직장에서 매우 심각한 문제로 부상하고 있으며, 많은 신입 사원들이 힘든 업무 강도, 긴 근무 시간, 그리고 업무와 기대의 차이로 인해 정신적·육체적 소진을 겪고 있습니다. 특히 중소기업에서 이러한 현상은 더 두드러지며, 한 보고서에 따르면 중소기업 신입 사원의 87.5%가 1년 이내에 퇴사한다고 합니다.

아무래도 조직에 원인이 있기 때문에 개인이 할 수 있는 노력에는 한계가 있지만, 자기 관리와 휴식을 우선순위에 두어 건강을 먼저 챙겨야 합니다. 음주는 도움이 되지 않습니다. 직장 내 멘토를 찾아서 조언을 구하는 것도 좋습니다.

현재 너무 어렵고 고통스러운 상황에서 생계 때문에 직장을 그만두지 못하는 것에 자책하지도 마세요. 대부분 직장을 다니는 가장 큰 이유는 생계에 있습니다. 스스로를 소중히 여기는 마음을 잊지 말고 조금씩 나아가면 좋겠습니다.

회사 사람들과
꼭 친하게 지내야 할까요?

　신입 사원 때 팀원들이랑 친해지고 싶어서 개인적인 이야기까지 공유했던 적이 있습니다. 그런데 처음 보는 회사 직원이 제가 한 말을 알고 있고, 그 말과 행동에 대해 꼬투리 잡고, 뒷담화를 하는 걸 알게 된 후로 회사 사람들과는 거리를 두고 있습니다. 이제는 누가 말을 걸면 이야기하는 정도예요. 먼저 말을 걸어야 할 때도 있지만 억지로 대화를 이어가지는 않아요. 회식은 1차만 참석하고 빠지고, 업무적인 이야기만 주로 합니다. 제가 선택한 상황이지만 그러다 보니 적도 아군도 없어졌는데 이게 맞나 싶습니다.

신입 사원 시절에는 무엇이든 잘하고 싶고, 인정받고 싶고, 모두와 잘 지내고 싶어서 대인관계에 있어 활짝 열려 있습니다. 마음을 활짝 열어 다가가게 되죠. 그런데 이러한 과정에서 때로는 내가 한 말과 행동이 예상하지 못하는 방식으로 전달되거나 오해를 불러일으킬 수도 있어요. 때로는 악의적인 누군가에 의해 정말 황당한 경험을 할 수도 있죠. 이런 경험에서 실망감, 불편감, 억울함, 분노를 느끼고, 그게 반복되다 보면 자연스럽게 사람들과의 거리를 두게 되고, 관계의 깊이를 조정하게 될 수밖에 없을 거예요. 또한 자신을 보호하기 위해 말수를 줄이는 선택을 하기도 합니다.

그런데 문제는 모든 사람이 내가 기대하는 방식의 관계를 원하지 않을 수도 있다는 것이죠. 더불어 나의 말과 태도가 내 의도대로 완벽하게 상대에게 전달되지 않을 수도 있다는 것입니다. 모든 사람은 나와 다른 가족 문화, 배경과 환경 속에서 다양한 관계의 기준과 가치를 형성했고 그에 따라 정보를 수집하고 판단하기 때문이죠.

한번 살펴볼까요? 초중고를 지나는 동안에는 주변 친구들과 어느 정도 삶의 배경, 환경 등이 비슷하다 보니 가끔 갈등이 생기기도 하지만 대부분 비슷한 생각, 습관, 언어 및 태도를 형성하고 공유하게 되죠. 이렇게 비슷하게 형성된 생각, 태도, 언어가 정착되면 굳이 관계에 에너지를 쓰거나 고민하지 않아도 안정된 관계를 유지하기가 쉽고 편해지잖아요. 생각하는 대로 편하게 이야기를 하면 상대방도 그렇게 이해하고 받아들이니 언어나 태도를 통한 오해와 갈등이 적을 수밖에 없죠.

그런데 대학이라는 새로운 환경에 들어오게 되면 또 다른 관계가 시작됩니다. 여러 지역에서 모이는 각기 다른 문화와 환경 속에서의 친구들을 만나게 되면 기존에 형성했던 생각과 이를 표현하는 대화와 태도에 벽을 느끼기 시작합니다. 동일한 현상을 바라보는 나와 다른 생각, 조금은 다른 언어 패턴과 이해 그리고 태도 등이 대학 생활의 새로운 고민과 갈등으로 다가와.

다행히도 대학 생활에서는 이러한 고민과 갈등을 조정할 시간적 여유가 있죠. 또한 이해와 공감을 성장시키는 시기이다 보니 새로운 관계에서의 고민과 갈등을 조정하며 다양성을 새롭게 키워나갑니다. 아직은 이권이나 경쟁이라는 현실과의 전쟁이 시작되기 전이다 보니 그만큼의 여유와 수용성을 가지고 관계를 학습할 수 있습니다.

그런데 직장은 한층 더 복잡한 곳입니다. 서로 다른 존재들이 얽히고 설키며 각자의 목적을 이루기 위해 노력하는 곳이에요. 문제는 사람들이 자신의 한정된 경험과 학습, 성장 등의 수준을 과대하게 평가한다는 것이죠. 마치 자신이 세상의 기준인 것처럼 편협한 잣대를 통해 옳고 그름을 자의적으로 판단해버리기 시작합니다. 그러다 보니 직장 안에서의 관계는 더욱 어렵고 힘들 수밖에 없습니다. 다양성을 수용하고 이해하며 공감하기보다는 각자의 기준에 따라 일, 관계, 가치, 성장 등을 평가하기 때문이죠.

직장에서의 관계를 너무 부정적으로 말한 것 같지만 관계의 갈등과 문제의 기저에서 확인되는 요인이다 보니 조금 거칠게 다루어보았습니다. 하지만 직장 내 모든 관계가 부정적이거나 모든 사람이 가치와 기준에 대한 인지적인 오류를 가지고 있지는 않잖아요. 그럼에도 다양한 기준과 가치 모여 있는 직장 생활에서 안정된 관계를 만들고 유지하기 위해서는 지속적인 관계의 학습과 전략이 필요합니다. 이를 위해 제가 드리고 싶은 제안은 자기 보호와 적절한 거리 두기, 생각과 태도가 비슷한 사람과의 관계 강화, 일과 삶에서의 관계 분리, 그리고 업무적 성과와 관계의 균형 찾기입니다.

첫 번째로 자기 보호와 적절한 거리 두기에 대해 이야기해 볼까요? 우선 직장에서 개인적인 이야기는 신중하게 선택하는 것이 중요합니다. 특별히 "나만 알고 있을 테니까 이야기해봐."라는 표현을 많이 듣게 되는데 잘 아시는 것처럼 세상에 비밀은 없습니다. 이 사람 정도면 이야기해도 괜찮을 것 같다고 판단하지만, 세상에 그런 사람은 없다고 보시는 것이 좋을 것 같습니다. 그렇다고 대화를 단절하거나 관계를 축소할 필요는 없습니다. 오히려 외로움, 소외감, 고립감을 증가시켜 직장 생활에서 중요한 소속감을 떨어트릴 수 있기 때문입니다.

그렇기 때문에 관계에 있어 적절한 거리를 유지하는 것이 중요합니다. 심리학에서는 관계의 깊이와 수준을 구분합니다. 예를 들어 표면적, 기능적, 개인적, 인격적, 자아 통합적 등으로 구분할 수 있는데 아마도 적절한 거리를 유지한다면 기능적이면서 개인적인 관계가 되겠죠.

여기서 기능적 관계는 특정 목적이나 기능을 수행하기 위해 형성된 관계입니다. 이 단계는 주로 업무적이고 실용적인 목적에 기초하여 목표 달성을 위한 상호 작용이 이루어지기 때문에 관계의 깊이는 얕지만, 의사소통의 목적이 구체적이고 체계적입니다. 개인적 관계는 서로의 개인 정보를 공유하고 신뢰를 쌓아가는 초기 단계로 감정적인 유대가 형성되기 시작합니다. 이때 어느 정도의 개인적 이야기를 주고받으며 상호 신뢰와 친밀감이 형성되어 서로가 중요한 사람으로 인식하게 됩니다. 이러한 관계를 적당히 유지함으로써 너무 가깝지도, 너무 멀지도 않은 균형을 유지하는 것이 중요합니다. 그러기 위해서는 사연에서 말씀해주신 친목은 어느 정도 필요할 수도 있겠죠?

두 번째는 나와 생각, 감정, 태도, 가치가 비슷한 사람과의 신뢰 관계를 강화시킴으로써 정서적인 지지를 형성하는 것입니다. 모든 사람과 이 정도 수준의 관계를 만들 필요는 없지만 깊이 있는 개인적 관계와 친밀한 관계는 이해, 공감, 인정 등을 통해 일과 삶에서의 안정감과 풍요로움을 가져옵니다. 친밀한 관계는 깊은 신뢰와 유대감을 기반으로 서로에 대한 높은 이해와 지지가 이루어지며, 서로의 감정과 생각을 솔직하게 나눌 수 있는 관계입니다. 이러한 신뢰의 관계가 직장생활에서 형성되어 있다면 기능적 관계에서 오는 다양한 고민과 갈등을 공유할 수 있고, 이해와 지지를 받을 수 있어 일과 삶에서의 윤활유 역할을 하게 됩니다.

세 번째는 일과 삶에서의 관계에 경계를 설정하는 것입니다. 직장은 업무과 성과를 위해 모인 조직이기 때문에 관계지향적이라고 볼 수 없습니다. 물론 업무에 있어 관계의 중요성을 항상 이야기합니다. 하지만 이러한 관계는 기능적인 수준이라고 할 수 있습니다. 그럼에도 살펴본 것처럼 직장에서는 관계의 윤활유는 있어야겠죠. 물론 모든 관계가 그 정도의 수준일 필요는 없습니다. 직장 외에 삶의 영역에서 깊이 있는 인격적인 관계가 충분히 존재하기 때문이죠. 이렇게 일에서의 관계와 삶에서의 관계를 때로는 구분하고 정의하는 것이 필요합니다. 이러한 관계의 기준이 설정되어야만 필요 없는 관계의 에너지를 소진하지 않을 수 있죠.

살펴본 것처럼 직장 생활에서 관계를 시작하고, 안정적으로 발전시키는 것은 절대 쉽지 않습니다. 그렇기에 갈등 상황을 통해 관계를 학습하고, 이에 필요한 전략을 만드는 것은 매우 중요합니다. 어느 정도의 수준에서 관계를 정립하고 구축할 것인가는 나의 기준에 따른 선택이 되겠죠. 그럼에도 관계에는 많은 긍정적인 요인이 존재한다는 것을 잊지 않으셨으면 해요.

마지막으로 뒷담화에 대해 잠깐 살펴볼게요. 뒷담화는 비도덕적인 행동의 이면에 심리적·사회적 욕구의 충족이라는 복잡한 동기가 숨어 있습니다. 몇 가지를 살펴보면 뒷담화라는 공통의 대화 주제를 통해 '우리 대 그들'이라는 구도를 만들고 자신과 상대방이 같은 편임을 확인함으로써 사회적인 유대감과 소속감을 강화시키는 수단으로 사용됩니다. 또한 다른 사람을 비판하거나 깎아내림으로써 상대적으로 자신을 우월하게 느낄 수 있도록 해줍니다. 이는 자신이 더 나은 사람이라고 느낄 수 있도록 자존감을 잠시나마 높이는 역할을 하죠.

뒷담화는 때로는 권력의 통제와 심리적 투사의 목적으로 사용됩니다. 뒷담화는 일종의 정보 교환이며, 정보는 곧 권력으로 해석할 수 있습니다. 이러한 정보를 기반으로 타인에 대한 영향력을 행사하거나, 상황을 통제하려는 욕구가 뒷담화에는 담겨 있습니다.

이때 특정인에 대한 부정적 정보를 퍼뜨림으로써 집단 내 역학 관계를 자신에게 유리하게 만들기도 합니다. 더불어 자신의 내면에 해결되지 않은 불안이나 결핍을 뒷담화를 통해 타인에게 투사함으로써 자신의 문제를 직면하고 받아들이는 대신, 타인의 결점을 강조하여 자신의 문제를 회피하려는 심리적 방어기제로 사용되기도 합니다.

살펴본 뒷담화의 목적과 동기는 복합적으로 작용하며 때에 따라 그 강도도 다르게 나타날 수 있습니다. 그런데 중요한 것은 이러한 험담과 뒷담화가 일시적인 심리적 만족감을 가져다줄 수는 있지만 장기적으로 신뢰를 깨뜨리고, 관계를 악화시킬 수 있으며, 이를 통해 누군가는 크게 상처를 받을 수 있다는 것입니다.

그럼에도 인간은 기본적으로 누군가를 험담하고 뒷담화함으로써 다양한 심리적 만족감을 얻게 됩니다. 그렇기 때문에 나는 누구에게나 뒷담화의 대상이 될 수 있다는 것을 받아들여야 할 수밖에 없어요. 내가 통제할 수 있는 영역이 아니기 때문이죠.

누군가가 나에 대해 혹은 남에 대해 이야기하는 것을 막을 수는 없지만 내가 무슨 말을 할지는 선택하고 판단할 수 있습니다. 지나치게 개인적인 이야기는 피하되 적당한 관계를 유지하며 평화로운 직장 생활을 하시기를 바랍니다.

회사에서는 진짜 내 모습을
숨기게 됩니다

　저는 내향적인 성격입니다. 다른 사람에게 별로 관심이 없어서 남들 얘기에 공감도 잘 못합니다. 꼼꼼하지도 않고 세심하지도 않습니다.

　하지만 회사에서는 제 성격과 정반대로 꾸며내서 사람들을 대합니다. 그렇게 해야 어울릴 수 있을 것 같아서요. 휴식 시간에 어울릴 때 동료나 상사의 말에 공감도 해주고, 제가 먼저 다가가서 말을 걸기도 합니다. 업무를 처리할 때도 몇 번이나 다시 확인하곤 하는데, 제 성향과는 안 맞아서 너무나 힘이 듭니다. 어떻게 해야 할까요?

여러분이 상상하는 직장 생활 잘하는 사람은 어떤 사람인가요? 성공적이고 원활하게 직장에 적응하기 위해 직장인이라면 갖춰야 할 기본적인 덕목들에 대해, 책을 통해서든 선배의 조언을 통해서든 교육을 받은 적이 있을 겁니다.

- 책임감 있고 성실하며 지시한 일은 세심하고 꼼꼼하게 처리하고 맡은 일은 끝까지 완수하여 책임을 다한다.

- 개인보다는 조직의 성과를 우선하고 팀원과 조화롭게 협력한다.

- 상사와 선배를 존중하고 예의를 갖춘 태도를 보이며, 동료나 후배를 배려하며 조직 내 관계를 원활하게 유

지한다.

· 어려운 상황에서도 끈기 있게 노력하고 어떻게든 해
내려고 시간을 투자하고 업무에 매진한다.

· 변화에 빠르게 적응하고 필요한 경우 추가적인 학습
을 통해 기술을 익힌다.

· 경쟁에서 뒤처지지 않도록 자기 관리를 하고 성과 평
가나 승진에서 인정받기 위해 자기 계발에 힘쓴다.

· 출근 시간이나 회의 시간 등 시간을 엄수하고 업무
일정을 잘 지킨다.

· 업무 압박 속에서도 감정을 잘 조절하고 스트레스를
효율적으로 다룬다.

· 사내 행사나 모임이 있다면 중요한 인맥 네트워킹의
장으로 여기고 참석한다. 상사나 동료들과의 소통을
강화한다.

사람들은 이처럼 직장인이 갖춰야 할 덕목을 정해놓았을 뿐 아니라 특히 외향적인 사람이 대인관계능력이 좋고 직장 생활도 더 잘한다는 믿음도 갖고 있습니다. 이를 흔히 외향성 편향Extraversion Bias이라고 하는데 외향적인 사람들이 더 사교 적이고, 팀워크를 잘하며, 업무 환경에서 더 유리하다는 고정 관념을 말하죠. 하지만 이는 성격 유형에 대한 편협한 시각에 불과합니다. 당연히 내향적인 사람도 직장 생활에서 발휘하 는 강점이 있으니까요.

사회가 만들어놓은 기준들은 직장 생활을 잘하는 기술인 것은 맞습니다. 하지만 모두가 이 기준을 만족시키지는 못합 니다. 사연자님이 많은 사람들과 어울리는 것을 좋아하는 척 하고, 세심함을 요구하는 일을 맡아서 해야만 하는 이유가 분 명히 있었을 겁니다. 아마도 직장에서 인정받고 동료와 상사 의 기대에 부응하기 위한 노력이었겠죠. 자신의 진정한 모습 과 사회적 기대 사이에서 불일치를 느끼면 힘들기 마련입니 다. 사회가 요구하는 모습에 맞추기 위해 끊임없이 자신을 억 누르고 꾸며내야 하고, 내면에서는 내가 누구인지, 내가 진정 으로 원하는 것이 무엇인지에 대한 혼란과 불안이 커집니다. 때로는 마치 가면을 쓴 채 살아가는 듯한 느낌이 들고, 그 가 면이 벗겨졌을 때의 두려움이 나를 짓누르기도 합니다.

카를 융Carl Gustav Jung은 개인이 사회적 역할을 수행하기 위해 외부에 보여주는 사회적 가면을 페르소나Persona라고 했습니다. 페르소나 개념을 직장에 대입하면, 사람들이 업무와 대인관계에서 자신의 진짜 성격이나 감정을 모두 드러내지 않고, 사회적 역할에 맞춰 자신을 조정하는 것을 말합니다. 업무적 기대나 직무의 요구를 충족하기 위해 내보이는 '사회적 가면'이죠.

내향적인 사람이라도 직장에서는 외향적으로 보이기 위해 더 활발하게 소통하고 사교적인 행동을 할 수 있습니다. 이는 직장 내에서 전문성을 보여주거나 팀워크를 강조하는 조직 문화에 맞추려는 노력의 일환일 수 있습니다. 개인의 감정이나 스트레스를 숨기고, 항상 자신감 있고 긍정적인 모습을 유지하려는 것도 마찬가지입니다. 자신이 느끼는 감정이나 본래 성향을 잠시 억제하고 기대에 맞는 역할을 수행하는 것은 직장 내에서 더 나은 직무 수행과 원활한 대인관계를 위해 필요할 수 있지만, 과도하게 페르소나에 의존하면 본연의 자아와 멀어지거나 내적 갈등을 초래할 위험도 있습니다.

융은 자신의 페르소나를 인식하고 현재 상황에서 나의 본질, 즉 본질적인 자아Self와 어떻게 상호작용하고 있는지를 이해하는 것이 중요하다고 보았습니다. 자신의 페르소나를 내려놓을 줄 알아야 심리적인 갈등에서 벗어나 더 깊은 자기 이해와 내적 통합을 이룰 수 있다고 했죠.

계속 가면을 쓴 채 사는 게 너무 버겁고 힘들다는 생각이 든다면, 불안과 내면의 갈등 속에서 하루하루를 버티고 있다면 이제 선택을 해야 합니다. 억지로 가면을 쓰고 성향에 맞지 않는 행동을 하며 지쳐갈 것인가, 나답게 행동하며 나를 보호할 것인가?

지금부터 가면을 내려놓고 진정한 나다운 모습으로 살아가고, 내적 평화를 찾는 방법을 알려드리려 합니다. 그러기 위해 먼저 심리적 기반을 마련해야 하는데요.

먼저 '자신에 대한 깊은 이해'가 필요합니다. 우리가 쓰는 가면, 즉 페르소나는 대부분 외부의 기대와 사회적 요구에 의해 형성됩니다. 직장에서의 역할, 가족 내에서의 기대, 친구들 사이에서의 모습 등은 우리의 본래 자아와는 다른 외적 이미지를 만들어내죠. 이 과정에서 우리는 점점 자신이 진정으로 원하는 것이나 감정적으로 반응하는 것들을 억누르게 됩니다. 따라서 최초에 자신의 페르소나가 어떻게 형성되었는지, 그 가면이 나에게 어떤 심리적 부담을 주고 있는지를 먼저 인식해야 합니다. 이러한 자기 인식은 나의 본질적인 가치와 욕구, 그리고 진정으로 소중히 여기는 것들을 다시 발견하는 과정으로 이어집니다.

두 번째로 필요한 것은 '자기 수용과 자기 이해의 확장'입니다. 자기 인식을 통해 나의 진정한 자아와 사회적 가면을 구별했다면, 이제 그 자아를 있는 그대로 받아들이는 과정이 필요합니다. 우리는 종종 사회적 기대에 미치지 못하는 자신을 비판하거나, 이상적인 모습과 비교하며 부족하다고 느끼곤 합니다. 자기 수용은 그 모든 판단을 내려놓고, 현재의 나를 긍정적으로 바라보는 태도를 말하는데요. 나의 장점뿐만 아니라 단점과 약점, 그리고 감추고 싶은 부분들까지 포용하는 겁니다. 이 과정은 때로는 불편하고 고통스러울 수 있지만, 결국은 나 자신을 완전한 존재로 받아들이게 하며, 더 이상 가면에 의지하지 않고도 자신감과 평온함을 찾을 수 있게 만듭니다. 자기 수용은 자아실현의 중요한 단계이며, 이를 통해 외부의 기대로부터 자유로워질 수 있습니다.

마지막으로 '지지적인 환경과 인간관계'를 구축해야 합니다. 본연의 모습을 드러내고 나답게 사는 것은 용기를 필요로 합니다. 가면을 쓰게 되는 이유 중 하나가 사회적 평가에 대한 두려움 때문인데, 이러한 두려움을 극복하려면 우리를 지지하고 이해해줄 수 있는 사람들과의 관계가 필요합니다. 진정한 자아를 받아들이는 과정을 돕는 신뢰할 수 있는 친구, 가족 혹은 멘토가 있다면 훨씬 심리적으로 안정감을 느낄 수 있겠죠. 안정된 환경에서는 자신의 진정한 모습을 더 자유롭게 표현할 수 있고, 내면의 갈등을 해소하며, 가면에 덜 의존하게 됩니다. 이러한 지지적인 네트워크는 자기 수용과 용기를 북돋워주는 튼튼한 기반이 됩니다.

사람들과 소통하고 에너지를 쏟는 일이 때로는 버거울 수 있지만, 그 속에서도 사연자님은 최선을 다하고 있습니다. 외향적인 페르소나를 유지하는 것이 때로는 필요한 선택일지라도, 진정한 내면은 그 자체로 충분히 가치 있습니다. 자신이 진짜로 잘하는 것과 좋아하는 것을 인정하고, 그에 맞는 방식으로 일할 방법을 찾아보는 것도 좋은 대안입니다. 세심한 업무가 힘들다면, 팀 내에서 협력하거나 자동화 도구를 활용해 부담을 줄여보는 방법도 고려해보세요.

무엇보다 중요한 것은 나답게 일하는 것, 나의 강점을 살리며 행복할 수 있는 방식을 찾는 것입니다. 스스로에게 휴식을 주고, 나다운 모습을 존중하는 시간을 많이 가지시길 바랍니다.

연봉이
다가 아니라는 말

　스타트업 회사를 6개월 째 다니고 있는 신입 사원입니다. 일 자체는 어렵고 힘들어도 나름 배우는 게 많아서 좋다고 생각하고 있는데요. 연봉이 최저시급보다 조금 더 받는 수준이라 이직을 준비하려고 했습니다. 아버지께 말씀드렸더니 20대에는 연봉에 너무 연연하지 말라고 하시면서 연봉 외의 것들도 고려해보라고 하시네요.

　현 직장은 집에서 지하철 환승 없이 도어 투 도어 20분 거리이고, 바쁜 시기 빼고는 칼퇴근도 가능합니다. 사람들도 모두 좋은 편입니다. 무엇보다 임원분들 중에 능력 좋으신 분들이 많아 같이 일하면 정말 배우는 게 많습니다. 좋은 점이 많지만 낮은 연봉이 그 모든 장점을 덮는 것 같습니다. 제가 너무 쓸데없이 돈 욕심이 많은 걸까요?

이제 막 어려운 취업의 관문을 통과해서 일을 시작하고, 어느 정도 안정이 되면 또래 친구들과 서로 근무 환경을 물어보고 정보를 나누게 되는데요. 나의 연봉이 상대적으로 낮다는 걸 알고 나면 아무래도 힘이 빠지게 되죠.

경력 초기 단계에서 연봉이나 복지 등은 나의 가치와 연관되기도 하고 진로의 방향을 결정할 수 있는 중요한 조건입니다. 그러다 보니 현재 내 위치와 대우, 연봉 등을 생각한다는 것은 진로와 성장에 대한 불안감과 두려움을 인식하고, 현재를 점검하며, 미래를 위한 준비의 시간이라고 볼 수 있을 것 같아요.

이때 '개인적 가치'와 '외부 보상' 사이의 갈등이라는 심리적 딜레마에 직면할 수밖에 없는데, 이는 직장 생활을 하면서 꼭 경험해야 할 중요한 과정 중 하나이기도 합니다.

개인적 가치는 자신의 신념, 목표, 삶의 철학을 바탕으로 형성되며, 자아실현이나 성취감을 통해 내면의 만족을 추구하는 요소입니다. 직장에서 경험과 교육을 통해 성장하면서 만족감을 얻고 성취감을 갖게 되는 것 등을 말하죠. 반면에 외부 보상은 급여, 승진, 사회적 인정과 같은 외부에서 제공되는 물질적 또는 명예적 보상으로, 현실적인 필요를 충족시키는 데 중요한 역할을 합니다. 이는 경제적 안정에 직접적인 영향을 주기 때문에 중요한 요인으로 고려될 수 있죠.

두 요인이 모두 만족된다면 참 좋겠지만 직장에서는 그렇지 못한 경우가 훨씬 많습니다. 그래서 개인이 의미 있고 성장할 수 있는 일을 찾으면서도 동시에 재정적 안정과 보상을 원할 때 이러한 심리적 딜레마가 나타납니다. 예를 들어, 어떤 사람은 자신의 가치와 일치하는 일을 하고 싶지만 그 일이 충분한 경제적 보상을 제공하지 않을 수 있습니다. 반대로 높은 연봉을 받는 일을 하고 있지만 자신에게 큰 의미를 주지 못하거나 내면적 성취감을 느끼지 못할 수도 있죠.

또한 무언가를 결정하기 전에는 단기적 또는 장기적 관점에서 그것을 바라보고 가치와 우선순위, 경제적인 현실과 심리적 만족감의 차원에서 고민해봐야 합니다.

우선 단기적 또는 장기적 관점에서, 지금의 연봉 수준이 최저 임금보다 조금 더 받는 상황이라면 만족스럽지 않으실 겁니다. 하지만 사실 아무리 연봉을 많이 받는다고 해도 내가 업무에 쓰는 에너지에 비해 항상 못 미친다는 생각이 드는 게 사람의 마음입니다. 현재의 경험이 장기적으로 어떤 가치가 있는지에 대해 이성적으로 판단해봐야 합니다. 뛰어난 인재들이 모인 스타트업에서 경험하고 학습하는 일들이 더 큰 기회와 보상으로 다가올 수도 있습니다. 아마도 아버지께서 연봉 외의 것들을 고려해보라고 하신 것도, 현재 직장에서 새롭게 배우고 경험하는 것, 경력을 쌓고 인간관계를 넓히며 일과 삶의 조화를 누리는 것 등이 미래에 더 큰 자산이 된다는 것을 잘 알고 계셨기 때문이라고 생각합니다.

사람마다 일과 삶에서 중요하게 여기는 가치와 우선순위는 환경, 상황, 성격 등 다양한 요인에 따라 다릅니다. 어떤 사람은 경제적 안정감이 최우선 수위일 수 있고, 또 어떤 사람은 배움과 성장에 더 큰 가치를 부여할 수 있습니다.

'나는 어떤 것을 더 선호하며 중요한 기준과 가치라고 생각하는가?'

사연자님께서 지금 스스로에게 던져야 할 질문입니다. 이러한 고민들을 통해 어떤 선택이 나의 장기적인 일과 삶의 목표와 방향에 일치하는지를 스스로 평가해보는 것이 필요합니다. 만약 낮은 연봉 때문에 일과 삶의 균형이 무너지고, 의미와 동기를 찾기 힘들며, 만족감이 저하된다면 이에 맞는 새로운 방안을 모색할 필요가 있습니다. 높은 연봉을 목표로 놓고, 자기 계발에 집중하여 전문성을 높여서 더 좋은 대우와 보상을 받을 수 있는 기회를 만들거나 이직 등을 위한 노력을 해야겠죠.

경제적 현실과 심리적인 만족감의 차원에서 삶에 있어 경제적인 안정과 풍요로움은 심리적 안정에 커다란 영향을 줍니다. 하지만 연봉만으로 이러한 심리적 안정을 완성하기란 쉽지 않습니다. 만약 현재의 연봉이 생계를 이끌어가기 어려운 수준이 아니라면, 연봉 외의 긍정적인 요인을 종합적으로 검토하는 것도 필요합니다. 언급하신 것처럼 출퇴근이 편리하고 야근도 없으며 좋은 동료들과 뛰어난 임원들에게서 많은 것을 배우고 경험할 수 있다는 것은 일과 삶의 질을 높이는 주요한 요인입니다. 더불어 인정, 성취감, 성장 가능성 등은 심리적 만족감을 상승시키는 중요한 기반이 됩니다. 이렇게 다양한 차원에서 현재의 상황을 종합적으로 분석하고 고민을 해보셔야 합니다.

일과 삶에 있어서 의미와 가치를 찾는 것은 매우 중요합니다. 내적 만족과 성장, 일에 대한 보람은 삶이 깊은 만족감을 주고, 성장한다는 느낌은 행복감을 극대화할 수 있습니다. 지금 하고 있는 일이 많은 것을 배우고 성장할 수 있는 기회가 된다면 이미 미래를 위한 큰 자산을 확보했다고 할 수 있을 것 같아요.

'너무 쓸데없는 돈 욕심이 많은 걸까'라는 자책은 하지 않으시면 좋겠습니다. 금전적 보상이나 재정적 안정은 누구도 무시할 수 없는 중요한 요인입니다. 이러한 요인은 인간의 존재적 욕구의 영역으로 삶의 필요한 기반과 심리적 안정감을 줄 수 있기 때문에 절대 쓸데없는 욕심이 아닙니다. 매우 현실적이며, 누구나 고민해야 할 영역입니다. 그렇기 때문에 많은 직장인들이 외부 보상에 대한 기대와 개인의 가치 사이에 갈등하고 고민하는 것이고요.

개인적 가치와 외부 보상 사이에서 나만의 균형을 찾는 것이 필요합니다. 지금은 개인적인 가치와 외부 보상을 어떻게, 어떤 수준으로 조화롭게 구축할 것인가를 고민하고, 나 자신에게 가장 잘 맞는 가치와 기준을 형성함으로써, 현재에 가장 잘 맞는 선택을 찾는 것이 중요합니다. 이러한 고민과 갈등이 나의 미래를 위해 가장 필요한 투자가 될 수 있어요. 어떤 선택이든, 지금의 선택이 최선이라면 그것으로 충분합니다. 너무 서두르지 말고, 충분한 시간을 신중하게 사용하시고 결정하셨으면 해요. 현재 직장에는 다양한 장점이 있으니 더더욱 급하게 결정하지 말고, 차분하게 생각을 정리하셔야겠어요.

무엇보다 자신을 믿어야 합니다. 답을 찾기 위해 누군가의 도움을 아무리 찾아본다고 하더라도 정답은 없습니다. 각자가 살아온 환경, 배경, 가치, 기준, 성향에 따라 각각의 답이 다르기 때문이죠. 내가 선택한 답이 가장 나를 잘 이해하고 반영하는 답이기에 정답일 수밖에 없습니다. 내가 선택했기 때문에 누군가에게 책임을 전가할 수도 없죠. 그저 믿고 의지하며 최선의 답이 정답이 되기 위해 노력하는 것이 중요할 뿐입니다.

이렇게 답을 찾아가는 과정 역시 성장과 발전의 과정입니다. 이때 무엇을 원하는지, 무엇이 중요한지 등을 신중하게 찾고, 그에 따라 결정을 내리고, 그 결정을 믿어야 합니다. 여러분의 일과 삶의 여정은 그 누구의 것도 아닌 내 것이고, 내가 주인공이기 때문에 누군가의 가치와 기대, 사회적 기준에 얽매이지 않고, 자신의 목소리에 귀를 기울이시면 분명히 의미 있는 가치를 정립하실 수 있을 거예요.

사실 내재적 그리고 외재적인 동기 사이의 갈등은 직장 생활 초기 단계에서 누구나 고민하는 주제라고 생각해요. 어떻게 보면 이러한 고민과 갈등은 단지 힘든 상황을 헤쳐 나간다기보다는 성장을 위한 중요한 과정을 지나고 있다고 평가할 수 있죠. 이 과정을 통해 자신의 가치와 목표를 조금 더 명확하게 하고, 내가 진정으로 추구하는 목적과 가치를 탐색하는 시기입니다.

그렇기 때문에 이러한 고민이 있다는 것은 미래를 진지하게 바라보고 준비한다는 증거라고 볼 수 있어요. 지금의 고민과 갈등을 적극적으로 바라보고, '나는 지금 그리고 여기서 무엇을, 어떻게, 왜 해야 하는가?'라는 질문을 던지고 정리함으로써 심리적이고 진로적인 성장의 안정적인 기반을 형성하시길 바랍니다.

5

일밖에 없는 삶이
너무 힘들어요

15년 차 직장인입니다. 최근 몇 년 동안은 너무 바쁘게 살았는데 문득 제 삶에 '일'밖에 없다는 생각이 들었습니다. 일이 너무 많아서 원하는 날에 연차를 쓰기도 어렵고, 주말에 쉬는 건 상상도 할 수 없습니다. 몇 달에 한 번 어쩌다가 쉬는 날이 있는 정도예요.

업무 강도가 높은 만큼 연봉이나 복지는 정말 좋지만, 저의 삶이 만족스럽게 여겨지진 않습니다. 일이 많은 만큼 저나 동료들도 때 되면 승진하고 인센티브도 많이 받고 업무상 좋은 기회도 얻지만, 다들 삶이 어떻게 흘러가는지는 모른 채 하루하루를 열심히 사는 것일 뿐입니다. 매일 긴장한 채 지내다 보니 행복하다는 감정을 느껴본 지도 너무 오래된 것 같아요. 거울 속에 비친 저의 지친 얼굴이 안타깝게 느껴지기도 합니다. 회사를 그만두고 훌쩍 떠나고 싶지만 가족들을 떠올리면 그럴 수가 없습니다. 그저 버티다 보면 이 시기도 지나갈까요? 평생 이렇게 살아야 하는 걸까요?

요즘에는 워라밸Work and Life Balance라는 말이 보편적으로 쓰이고 많은 직장인이 일과 삶의 균형을 추구하고 있어서 회사를 고를 때 이를 중요하게 고려하기도 합니다. 하지만 기한 내에 강도 높은 업무를 요구하는 IT 업계나 스타트업 등 특정 업계는 여전히 야근은 기본이고 주말에도 출근하며 일을 해야 합니다. 이들에게 워라밸은 다른 세계 이야기죠.

　사연자님 또한 과도한 업무량으로 인한 압박감에 시달리고 계신 것 같습니다. 가족에 대한 책임감 때문에 회사를 그만두고 쉬지도 못하니 마음 또한 힘드실 겁니다. 누구든 개인적인 시간을 스스로 관리할 여유가 없는 상태에서 일만 하면, 신체적 피로와 정신적 스트레스가 극심해지며, 이는 건강 문제와 함께 업무 효율 저하로 이어질 수 있습니다. 또한 가족이나 친구와의 관계가 소원해지니 삶의 전반적인 만족도가 감소하게 되고, 장기적으로는 일과 개인 생활 모두에 부정적인 영향을 미치게 되어, 행복감을 느끼기 어려워질 수밖에 없습니다.

마음속에서는 나만 힘들게 일하는 것 같은 억울함, 매사에 올라오는 짜증과 화, 감옥에 갇혀 있는 것 같은 답답함과 불안, 혼자서는 상황을 바꿀 수 없다는 무력감 등 부정 감정이 생기기 마련입니다. 동료나 선배, 가족에게 고민을 나누기도 해보지만 내가 처한 현실을 온전히 이해하는 사람이 없는 것 같아 고립감이 들 수도 있습니다.

사실 사연자님의 문제를 해결할 수 있는 방법은 간단합니다. 이대로 버티거나 떠나는 것이죠. 하지만 2가지 방법 모두 말이 쉽지, 결정하고 준비하는 과정은 절대로 쉽지 않을 겁니다. 버티면서 좀 더 나은 환경을 만들려고 노력해보거나 떠나서 새로운 환경을 잘 만들어가거나, 이 두 방향 중 하나를 선택해서 다양하고 구체적인 해결책을 찾아가야 합니다.

이 상황에서 가장 중요한 것은, 내 삶의 가치와 기준이 확고해야 한다는 것입니다. 아래 질문들에 자신만의 답을 적어보시길 바랍니다.

· 나는 무엇 때문에 현재 회사와 직무를 선택했는가?

· 내가 원하던 삶은 어떤 모습인가?

· 내가 생각하는 행복의 가장 중요한 요인은 무엇인가?

- 내 삶을 내가 이끌어가고 있는가?
- 현재의 고통이 나의 미래를 보장해주는가?

이런 질문들에 답을 적고 생각이 정리되었다면, 이제 선택만 남았습니다.

사연만으로 추측해보았을 때, 현 직장에 다니는 한 과도한 업무를 숨 가쁘게 처리하며 주말도 없이 일해야 하는 지금의 상황은 쉽게 바뀌지 않을 것 같아요. 그렇다면 일과 삶에서 균형을 맞추기는 어렵다는 결론이 나올 수밖에 없겠죠.

이렇게 선택의 기로에 서 있는 분들을 상담할 때마다 제가 꼭 드리는 말씀이 있습니다. 당신이 한 선택이 결국 정답이라는 것입니다. 내가 선택하지 않은 길을 계속 생각하며 후회하지 말고, 내가 선택한 방향에 집중하며 좋은 결과를 위해 노력하는 것이죠. 이것이 무척 중요합니다. 많은 사람이 자신의 선택이 정답이 아닐까 봐 두려워하고 주저하다가 시간을 흘려보냅니다. 어떤 고민을 하든 그 끝에 내린 결정과 선택, 그것이 바로 정답입니다. 선택하지 않은 일의 결과는 절대로 알 수 없기 때문이죠.

선택을 하고 답이 무엇인지 알게 되었다면 이제 실천으로 넘어가야 합니다. 에릭 에릭슨Erik Homburger Erikson의 심리사회적 발달 이론에서는 인간이 각 생애 단계마다 새로운 도전과 과제를 해결하며 개인적 성장을 이룬다고 봅니다. 심리학에서 말하는 '성장'이란 개인이 신체적·정서적·인지적·사회적·도덕적으로 발전해나가는 과정을 의미합니다. 이는 단순한 생물학적 변화뿐만 아니라, 경험을 통해 자신을 더 깊이 이해하고, 새로운 기술이나 지식을 습득하며, 성숙한 인격과 자기통제력을 갖춰가는 것을 뜻하죠. 생각에 머물러 있던 것을 직접 행동으로 옮겨야 성장이 시작됩니다.

직장인을 대상으로 상담하다 보면 이미 자신이 처한 상황을 파악해서 그에 대한 답도 알고 있는 분들이 많습니다. 문제는 실천으로 넘어가는 단계에서 갈등을 겪는다는 것입니다. 답을 알지만 그것을 실천에 옮기면 많은 것을 잃을 수도 있다는 부담감이 앞설 수도 있습니다. 사연자님도 아마 가장 좋은 선택이 무엇인지 알고 계실지 모릅니다. 선뜻 답을 선택하고 실행하기가 두려워서 갈등하고 있진 않으신가요?

모든 변화에는 그만큼의 고통이 따를 수밖에 없습니다. 그렇기에 불안하고 두려운 것이죠. 얻는 것과 함께 잃는 것이 있다는 것을 알기에 더욱 그렇습니다. 그동안 많은 것을 참고 견디며 쌓아 올린 직장에서의 경력과 인정, 주변의 시선, 가족의 기대 등이 버려질 수도 있을 것입니다.

하지만 내가 선택해서 살고 있는 삶이 더 이상 나를 행복하게 하지 않는다면, 바로 그때가 변화를 선택하고 실천해야 할 시기입니다. 다시 한번 성장해야 합니다. 내가 진정으로 찾고 싶어 하는 소중한 가치를 얻기 위해 변화를 선택했다면 이제 앞으로 얻게 될 것이나 내가 진정으로 추구하고 싶었던 가치에 집중해야 합니다.

여기서 우리가 깨달아야 할 중요한 점이 있습니다. 바로 지금까지 그토록 추구했던 주변의 시선, 가족의 기대, 인정 욕구 등이 결국 나 자신을 위한 것이었다는 점입니다. 그 가치와 기준에 따랐던 나의 행동이 더 이상 나를 행복하게 하지 못했다면, 결국 내가 나를 괴롭히고 있었던 셈입니다.

더 이상 타인의 시선을 의식하며 나를 고민과 갈등 속에 방치하지 마세요. 그 시선에서 벗어나 진정한 자기 자신을 찾고 챙기십시오. 우리나라 사람들은 대부분 너무나 많은 책임과 의무에 붙잡혀 살고 있어서, '나만을 위한 결정'은 무책임하고 이기적인 것이라고 생각합니다. 하지만 내가 힘들고 지쳐 쓰러질 것 같은 순간에는 나를 먼저 생각해야 합니다. 이기적인 용기가 필요합니다.

사람은 누구나 자신이 추구하는 모든 가치를 만족시킬 수 있는 선택을 하고 싶어 합니다. 그런데 그러다 보면 결정은 늦어지고 그 기간만큼 갈등은 더 커지게 됩니다. 저는 그렇게 오랫동안 마음의 갈등을 겪다가 우울, 불안, 수면 장애, 공황장애 등으로 힘들어하는 분들을 많이 봐왔습니다. 이 사연을 읽으면서도 빠른 선택과 실천이 필요하겠다는 생각이 듭니다.

덧붙여 말씀드리고 싶은 것은 정신적으로 힘든 시기에는 무엇보다 가족이나 가까운 사람으로부터의 정서적 지지가 중요하다는 사실입니다. 그 누구도 현재의 내 문제를 해결해줄 수 없지만 내가 사랑하는 가족이나 친구가 나를 지지해준다면 고민과 갈등의 상황에서 무엇을 선택하든 큰 힘이 됩니다.

그러기 위해서는 현재 내 상황과 갈등 그리고 감정을 솔직하게 이야기할 수 있어야 합니다. 물론 상대방이 나를 이해해주고 수용할 수 있으며 지지해줄 수 있다는 것을 전제로 한다면 말이죠. 하지만 가족이나 친구와 그런 대화를 하기 어려운 상황이라면 심리상담 전문가의 상담을 받아보는 것도 추천드립니다.

스트레스를 효율적으로
푸는 법을 알고 싶어요

얼마 전 회사에서 어떤 분 때문에 크게 상처받은 일이 있었습니다. 그래도 회사를 잘 다니려 노력하고 있어요. 일 자체는 너무 좋고 저를 좋아해주는 사람들도 많아서 버티고 있습니다.

일단 저는 퇴근하고 상처받았던 일을 딱 차단해버리고 잊으려고 책을 보거나, 미친 강도의 운동을 하는데도 자고 일어날 때마다 쌍욕을 하면서 일어납니다. 이거 저만 그러는 거 아니죠? 다른 분들도 아침마다 쌍욕을 하며 일어나나요? 어느 직업이든 스트레스와 고생이 많다는 걸 알기에 세상 모든 직장인이 다 존경스러워요. 지금 하는 일이 너무 재미있고, 진심으로 좋아하는 일이기에 스트레스 잘 이겨내고 오래 일하고 싶어서 글 올려봅니다.

아리스토텔레스는 "고통을 겪는 것은 쉬운 일이지만, 그 고통을 견디고 올바르게 반응하는 것은 어려운 일이다."라고 말했습니다. 직장 생활 속에서 상처를 받고도, 그 상황을 받아들이며 균형을 잃지 않으려는 모습이 바로 이러한 올바른 인내를 보여주는 것 같습니다. 누구나 한 번쯤은 직장에서 상처받고 자신을 둘러싼 환경과 사람들 때문에 힘들어하는데, 그 고통을 회피하지 않고 자신이 좋아하는 일과 자신의 가치에 집중하려는 태도는 매우 존경스럽습니다.

직장 생활을 시작하고 조직과 새로운 사람들을 만나게 되면서 내가 형성했던 삶의 가치와 기준과는 다른 세상을 접하는 것 자체가 스트레스의 원인이 된다고 볼 수 있어요. 삶에는 기본적으로 다양한 스트레스 요인이 존재합니다. 나와 똑같은 사람도 없고, 내가 살아왔던 환경과 똑같은 환경을 가진 사람도 없기 때문에, 늘 다름을 경험하고 그 다름을 수용하거나 때로는 거부하는 삶의 과정이 곧 스트레스가 된다는 거죠.

그렇다고 스트레스가 무조건 나쁜 것만은 아닙니다. 인간은 삶이라는 시간과 공간 안에 생존하고 적응하며 변화하고 성장하기 위해 살아가야 하니까요.

스트레스는 부정적인 영역인 디스트레스Distress와 긍정적인 영역인 유스트레스Eustress로 나눌 수 있습니다. 디스트레스는 개인이 감당하는 심리적·신체적 압박이나 위협으로 업무 부담감, 관계 갈등, 경제적 문제 등을 들 수 있습니다. 이때의 심리적 반응은 불안, 우울, 집중력 저하, 감정 조절의 어려움, 분노 등이며 신체적 반응은 만성 피로, 두통, 불면증, 면역력 저하 등으로 나타납니다.

유스트레스는 도전적 상황에 직면했을 때 이를 극복하기 위해 동기부여를 제공하는 스트레스로 성취감을 얻으며 성장할 수 있는 긍정적인 영향을 미치게 됩니다. 유스트레스는 문제 해결을 위한 능력, 창의성, 회복 탄력성 심리적 유연성과 단기적인 에너지의 집중, 신체를 활성화하는 향상성 등에 도움을 줍니다. 성장을 위한 자극이 될 수 있어, 인생의 다양한 도전에서 의미 있는 변화를 이루는 데 도움을 줍니다. 예를 들어 중요한 보고나 발표를 앞두고 생기는 긴장감은 집중력과 순발력 등을 돕고, 새로운 프로젝트에 투입되어 성공적인 결과를 이끌어냈을 때 성취감과 자신감 등을 키워줍니다.

사연을 디스트레스와 유스트레스 측면에서 볼 때 직장 생활의 대부분을 유스트레스 측면에서 잘 관리하시는 것 같아요. 특별히 스트레스를 관리하기 위해 독서도 운동도 잘 활용하면서 직업에 대한 보람도 느끼고 계시고요. 그럼에도 특정 관계에 있어 디스트레스를 경험하셨는데, 자세하게 어떤 부분 때문에 상처를 받았는지는 알 수 없지만, 직장 내에서 관계로 인해 받는 상처는 직장 생활을 위협할 정도의 큰 고민과 갈등이 될 수 있죠. 특별히 잊은 듯, 잘 관리하고 있는 듯하지만, 아침에 일어나 욕이 나올 정도라면 상처가 치유되었다기보다는 억눌려 있는 것으로 보입니다. 아직 부정 감정이 제대로 해소되지 않고 내면 깊숙이 억제되어 스트레스로 작용하고 있다는 신호일 수 있습니다. 외적으로는 상황을 견디고 일상을 유지하는 것처럼 보일지라도, 내면의 상처가 충분히 다루어지지 않은 상태라면 억눌린 감정이 쌓여 심리적으로 더 힘들어질 수 있습니다.

스트레스는 표면적으로 드러나는 부분을 인식하고 관리하는 것도 중요하지만, 심리적인 관점에서 그 근원을 이해하는 것이 더욱 중요합니다. 특히 타인과의 비교에서 발생하는 감정의 역치와 인식 수준을 살피고, 자신에게 적합한 해결 방안을 찾는 과정이 필요합니다. 이를 위해서는 자기 탐색과 성찰을 통해 자신의 성격, 성향, 가치 기준 등을 이해해야 하며, 이를 바탕으로 나만의 신념 체계를 인식해야 합니다. 이 신념 체계가 스트레스와 부정 감정과 어떻게 연결되는지를 알아야만, 특정 사건이나 상황에서 내가 더 강하게 스트레스를 느끼는 이유를 이해할 수 있습니다. 이는 모든 사람이 스트레스를 비슷하게 느끼는 부분도 있지만, 각자의 가치와 기준에 따라 스트레스를 더 크게 받아들이는 경우가 있기 때문입니다.

그렇다면 누군가에게 받은 상처, 타인과의 관계에서 발생한 스트레스는 어떻게 관리하는 게 좋을까요?

먼저 내 감정을 외면하지 말고 다 꺼내야 합니다. 상처받은 일을 다시 떠올리는 게 힘들어서 마음속 깊은 곳에 묻어버리셨겠지만 괴롭더라도 당시 상황과 기분을 한번 정리해보세요. 가장 쉽고 간단한 방법은 종이에 글로 적는 것입니다. 부정적인 감정들을 글로 표현하면 마음이 정리될 겁니다.

글로 감정을 옮기는 과정에서 우리는 감정을 인식하고 명료하게 구조화하게 되는데, 이 과정에서 뇌의 전두엽이 활성화되거든요. 전두엽은 감정 조절, 문제 해결, 계획 수립과 같은 고차원적인 인지 기능을 담당하는 영역입니다. 감정을 글로 표현하면 뇌는 이 감정을 객관화하고 분석할 수 있도록 도와주며, 이를 통해 감정에 압도당하기보다 상황을 더 이성적으로 바라보게 됩니다. 이 과정에서 스트레스 호르몬인 코르티솔의 분비가 줄어들며, 감정적 긴장이 완화되는 것이죠.

또한 글쓰기는 뇌의 편도체와 해마를 연결하는 작용을 촉진해요. 편도체는 감정을 처리하고 해마는 기억과 연관된 정보를 처리하는데, 글을 쓰면서 우리는 편도체에서 발생한 감정을 해마로 연결하여 과거 경험과 비교하거나 해석하게 됩니다. 이를 통해 감정이 단순한 반응으로 남지 않고, 나름의 의미와 맥락을 부여받게 되죠. 이러한 의미화 작업은 감정의 혼란을 줄이고, 뇌가 그 감정을 '정리된 정보'로 받아들일 수 있게 하여 마음의 정돈을 돕습니다.

다음으로는 상처와의 심리적 거리 두기가 필요합니다. 상처를 준 사람이나 상황과의 거리 두기는 당시의 경험을 객관화하고, 이러한 일련의 과정들이 내 삶 전체에 그렇게 큰 영향을 주지 않는다는 것과 내 존재를 규정짓는 것이 아니라는 것을 인식하는 것입니다.

'과거의 상처가 내 삶에 어느 정도의 영향을 미치는가'를 질문하고 객관적으로 분석함으로써 스트레스의 상황과 상처를 재조정해보는 것입니다. 더불어 상처를 최소화하기 위해서는 상처를 준 사람과의 관계에 대한 경계를 설정하는 것도 중요합니다. 가능하다면 최대한 대면을 줄일 수 있도록 하고, 업무와 개인적인 감정을 분리시키며, 적당한 신체적 · 심리적 거리를 유지해야겠죠. 어쩔 수 없이 반복적으로 볼 수밖에 없다면 조직 차원에서 다룰 수 있도록 문제를 공유하는 것도 필요합니다.

그럼에도 관계에서 오는 갈등은 옳고 그름의 문제가 아닌 다름에서 발생할 수도 있기 때문에 갈등과 상처의 근원을 명확하게 분석하는 작업도 중요합니다. 만약 다름으로 인한 문제라고 판단된다면 분명히 개선의 여지가 있다고 생각해요. 솔직하고 개방적인 대화를 나누며, 상호 존중과 다양성의 관점에서 자신의 감정과 생각을 상대방이 이해할 수 있는 방식으로 표현해보세요.

이때에는 상대방의 입장도 적극적으로 경청할 수 있어야 하며, 협력적이고 해결 지향적인 태도를 취해야 합니다. 하지만 비윤리적이고 불공정한 문제였다면 거리와 경계를 명확하게 구축해야죠. 경계를 설정하는 것은 자신을 존중하고 보호하는 첫걸음입니다. 이때는 최대한 객관적으로 상황을 바라보고 판단하길 바랍니다.

그리고 지금까지 잘해온 것처럼 운동, 독서 등 다양한 활동을 통해 스트레스를 꾸준히 관리하셨으면 해요. 운동이나 독서 외에도 마음을 안정시키고, 평온함을 찾을 수 있도록 돕는 명상과 요가 등의 활동도 꼭 함께하셨으면 합니다. 명상은 마음의 불균형을 인식할 수 있도록 돕고, 복잡한 생각을 정리해줌으로써 갈등, 상처, 불안을 줄이는 데 효과가 높은 활동입니다. 요가는 몸의 긴장을 완화시키고, 심신을 안정시키는 데 도움을 줍니다.

그런데 직장인 중에는 술 한잔과 동료들과의 수다를 통해 스트레스를 잊어버리려고 하시는 분들도 많이 있죠. 그런 것들이 물론 어느 정도 도움이 될 수도 있겠지만 결국 문제 해결을 지연하는 일시적인 수단일 뿐입니다. 스트레스의 근본 원인을 이해하고 관리하지 못하면 지속되거나 악화될 수밖에 없기 때문이죠. 술에 의존해서 스트레스를 잠깐 잊어버리려고 노력하는 것은 결국 문제 해결의 과정을 회피하는 거에요. 이러한 회피는 스트레스를 가중시키고 문제 해결 능력을 저하시킬 수 있어요.

오프라 윈프리Oprah Winfrey는 "최고의 자신을 위해 용기를 내는 것이야말로 진정한 성공"이라고 했습니다. 관계에서 겪는 어려움을 해결하고자 스스로를 돌아보고, 더 나은 방법을 찾아가는 그 과정 자체가 진정한 성공이며, 성장했음을 상징합니다. 타인과의 관계는 복잡하지만, 이를 해결하려는 노력은 앞으로의 삶에 깊은 긍정적인 영향을 미칠 것입니다.

지금의 노력은 분명 당신에게 더 건강하고 행복한 관계를 선물해줄 것이니, 그 길에서 흔들리지 않고 계속 나아가길 바랍니다. 당신을 응원합니다!

직장 스트레스를
집으로 가져오는 배우자

저는 결혼한 지 8년이 되었고 맞벌이 부부입니다. 배우자와 저 사이에 별다른 문제 없이 잘 지내고 있는데요. 요즘 배우자가 직장에서의 일로 너무 힘들어합니다. 배우자의 회사 동료나 업무에 관한 이야기를 들으면 저도 화가 나서 스트레스를 받을 만하겠더라고요. 집에서 하소연하는 걸 이해는 하지만 그 스트레스가 집 안에서 다른 행동으로도 이어집니다. 자꾸 한숨을 쉬거나 투덜거리거나 기분이 안 좋은 채로 있는 거죠. 사실 저도 직장인으로서 힘든 일이 많지만 집에서는 내색하지 않으려고 노력하는데 제 직장에서의 자잘한 스트레스에 더해 배우자의 스트레스까지 받게 되어 저만 이중으로 힘들어지는 것 같습니다. 이거 해결 방법이 있을까요?

'공감 피로Empathy Fatigue'라는 말을 들어보신 적이 있나요? 공감 피로는 '연민 피로Compassion Fatigue'라고도 불리며, 타인의 감정이나 고통에 깊이 몰입하다 보니 자신이 감정적으로 소진되어 더 이상 감정적으로 타인을 돕기 힘든 상태에 이르는 현상을 말합니다. 주로 타인을 돕는 직업, 예를 들어 의료 종사자, 상담사, 사회복지사 등이 자주 경험하는 현상이지만 일반적인 인간관계에서도 발생할 수 있습니다. 공감 능력의 긍정적 측면이 오히려 부정적으로 작용하여 자신이 감당할 수 있는 한계를 넘어서면서 발생하는 일종의 '감정적 번아웃'이라 할 수 있습니다.

이 공감 피로는 연인이나 부부 사이에서도 문제가 될 수 있습니다. 특히 한쪽이 상대방의 감정적 요구나 고통을 지나치게 오랜 시간 동안 받아들이고 지속적으로 공감하려고 애쓰는 경우, 감정적으로 소진될 가능성이 큽니다. 이로 인해 관계에 불균형이 생기고, 피로감을 느끼는 사람이 더 이상 상대방의 감정에 공감하지 못하거나 관계에서 정서적으로 멀어질 수 있습니다. 이때 상대방의 감정을 돌보는 역할을 수행하는 사람은 자신을 돌볼 여유가 없어서 점점 더 지치게 됩니다.

직장에서 받은 스트레스를 집으로 가져와 배우자에게 공감해주길 기대하는 사람의 심정도 이해가 갑니다. 직장에서 억눌린 감정이나 스트레스는 하루 종일 쌓이게 됩니다. 직장 환경에서는 감정을 적절히 표출하지 못하고 자제해야 할 때가 많습니다. 그러니 집에 돌아와서는 가까운 사람에게 그 감정을 풀어놓고 위로받고 싶어지는 거죠. 배우자는 감정적으로 가장 안전한 존재로 여겨지기 때문에, 자연스럽게 스트레스 해소의 대상으로 생각됩니다. 특히 직장에서의 불안이나 좌절감을 배우자와 공유함으로써 위로받고, 자신의 가치를 다시 확인받고자 하는 심리적 욕구가 작용했을 겁니다.

하지만 집은 편안함, 쉼, 안정감이 있는 공간이어야 하잖아요. 아무리 직장에서 힘든 일이 있고 기분이 안 좋았다고 해도 그건 직장에 고스란히 남겨두고 와야만 합니다. 경계를 분명하게 세우고 집의 역할과 회사의 역할을 구분해야 합니다. 가정은 휴식을 취하고 에너지를 재충전하는 안전한 공간이 되어야 하는데, 만약 직장의 스트레스를 그대로 집으로 가져오면 가정에서도 긴장 상태가 유지되고 휴식을 취할 기회를 잃게 됩니다.

사연자님은 가정과 직장이 분리되어야 한다는 점을 잘 인식하고 있어서 노력을 하고 있었던 것이고요. 배우자는 직장에서 받은 스트레스를 혼자 처리하지 못하는 상황이라 일단 사랑하는 배우자를 격려하고 공감해주기로 하신 것 같아요. 그런데 '저도 직장인으로서 힘든 일이 많지만 집에서는 최대한 내색하지 않으려고'라고 말한 것처럼 직장에서의 스트레스를 홀로 삭이고, 직장과 삶을 분리하기 위해 노력하는 데는 많은 에너지가 들어갈 수밖에 없어요. 이러한 상황에서 배우자의 직장 생활에 대한 이야기를 듣고, 감정을 지지해줘야 할때 공감 피로를 느끼게 되는 것이죠.

여기서 궁금한 점이 있습니다. 사연자님은 왜 직장에서 힘들고 스트레스를 받아도 내색하지 않고 참으려고 했나요? 어찌 보면 배우자가 직장에서의 관계, 업무 등 스트레스 거리를 이야기할 때 나 역시 회사 생활을 함께 공유하고, 공감함으로써 서로 지지할 수 있는 정서적 안정의 기반을 만들 수도 있잖아요. 그런데 스트레스와 힘듦을 드러내지 않아야 한다는 신념은 어디서 온 걸까요? 시대나 문화, 개인의 삶에 대한 경험과 배경에 따라 다르게 나타나겠지만, 성별, 역할, 가치, 기대, 인정, 부담감 등으로부터의 스테레오타이핑Sterotyping(고정된 관념 및 이미지) 때문은 아닐까요?

'가족의 가장으로서 누군가를 보호하기 위해 나약함이나 어려움은 표현하지 않아야 한다.'

'직장 생활을 어느 정도 하고 리더의 위치에 오르면 힘들고 스트레스가 많은 건 당연하니 받아들여야 한다.'

'이 정도 나이가 되면 감정 표현은 되도록 자제하고 강하며 침착한 모습을 유지해야 한다.'

이러한 고정관념이 만들어낸 삶의 태도와 자세가 아닌가 하는 생각이 드네요. 그런데 해결되지 않고 고스란히 남아 있는 다양한 부정 감정이나 스트레스는 차곡차곡 쌓일 수밖에 없잖아요. 이렇게 억지로 봉인해버린 직장 생활의 어려움이 배우자의 입을 통해 떠오르게 되면 억눌렸던 감정과 갈등, 고민 등이 한꺼번에 올라오게 되죠. 사실 배우자가 회사의 어려움과 스트레스를 쏟아내는 것이 나를 힘들게 하는 직접적인 원인이 아니라 내 안에 잠재되어 있던 나의 고통과 아픔이 공감이라는 과정을 통해 분출되어버렸기 때문은 아닐까요?

다시 말해 배우자의 말을 통해 내 안에서 조금씩 올라오는 해결할 수 없을 것 같은 직장 생활에서의 어려움이 더 받아들이기 힘드셨을 것 같아요. 이야기하지 않고, 표현하지 않고, 꺼내지 않았던 내가 경험한 직장 생활의 스트레스와 부정 감정은 해결되지도 사라지지도 않고 내 마음 어딘가에서 상처로 남아 있을 수밖에 없어요. 그래서 내 감정을 인식하고 이해하며, 그것을 함께 나누는 정서적인 공감과 지지는 부부간에 너무나 중요한 성장의 과정이라고 생각해요.

그렇다면 부부가 일과 삶의 어려움들을 공유하고 공감함으로써 서로의 삶에 정서적 지지자가 될 수 있으려면 어떻게 해야 할까요?

우선 저는 지혜롭게 듣는 공감의 태도를 먼저 이야기하고 싶습니다. 배우자가 경험하는 직장 내 스트레스가 지속적으로 공유된다면 공감으로 인한 피로감이 증가될 수 있어요. 다른 사람의 감정적인 갈등이나 고통을 반복적으로 듣고 공감하는 과정에서 나도 모르는 사이 많은 에너지가 소진되기 때문이죠. 앞서 말한 공감 피로를 겪게 되는 걸 주의해야 합니다.

저도 상담전문가를 시작하고 나서 초반에는 공감 피로로 심리적 소진을 경험하는 날들이 많았어요. 그런데 이러한 경험은 상담전문가뿐 아니라 타인의 이야기를 경청하고 이해하며, 도움을 주어야 하는 사람들은 반드시 겪는 일입니다. 그렇기 때문에 공감은 전문가로 성장하는 과정에서 가장 많은 시간을 다루어야 하는 주요 성장의 주제가 되죠. 이러한 과정을 통해 진정한 공감이란, 상대방의 감정을 내 감정인 것

처럼 끌어오는 감정 이입이 아니라 상대방의 심리적 고통과
갈등을 충분히 인식하고 이해하면서도 심리적인 경계와 거
리를 건강하게 유지하는 것임을 이해하고 깨닫게 되죠.

공감 피로를 최소화하기 위해서는 배우자의 회사 생활에서
오는 피로와 스트레스를 이해하고 공감하면서도 자신과의
감정과는 분리할 수 있어야 합니다. 그러기 위해서는 배우자
가 느끼는 감정이기에 듣고 이해할 수는 있지만 내 감정과는
다르다는 것을 스스로에게 상기시킴으로써 심리적 거리감을
안정적으로 유지해야 합니다.

이때 배우자의 말에 귀 기울이고 시선을 맞추며 끼어들지
않는 적극적 경청이 필요하며, 감정에 맞추어 적절한 표정과
태도로 반응하는 것이 매우 중요합니다. 공감적인 반응은 상
대가 자신의 감정을 이해하고 있다고 느끼게 하는 중요한 요
소이기 때문입니다. 이렇게 배우자의 감정에 지나치게 동화
되지 않도록 자신을 보호하면서도 적절한 수준의 공감을 표
현할 수 있어야 합니다.

또한 이야기를 듣지만 감정에 몰입되지 않는 생각과 감정
이 분리된 객관적 듣기의 자세가 필요합니다. 예를 들어 배우
자가 전달하고 싶은 '힘들어'라는 메시지는 수용하지만 그 내
용에 깊이 감정적으로 연루되지 않도록 노력해야 합니다. 이
때 배우자의 감정이나 생각을 있는 그대로 받아들이고 자유

롭게 표현할 수 있도록 수용적인 태도를 유지해야 하며, 판단하거나 비판하지 않는 태도를 보이는 것도 매우 중요합니다.

　마지막으로 해결책을 제시해야만 한다는 착각에서 벗어나야 합니다. 많은 경우 누군가가 자신의 고민이나 갈등을 이야기하면 해결을 위한 조언을 해야만 한다고 생각합니다. 하지만 당사자가 원하는 것은 해결책을 찾아주는 도움이 아닌 단순한 들어줌, 이해와 공감입니다. 배우자의 이야기를 문제 해결적 관점에서 바라보고 부담으로 받아들이기보다는, 단순한 감정 공유의 일환으로 받아들이는 것이 공감 피로를 최소화하는 데 도움이 됩니다. 이러한 자세는 듣고 공감하는 것에 대한 부담감을 줄이고, 단순한 정서적 지지로 대화를 끌어갈 수 있게 합니다.

8

슬럼프에
빠진 것 같습니다

　신입 때는 일하면서 배울 점도 많아서 좋았고, 열정도 넘쳐서 몸을 갈아 넣으면서도 성장의 과정이라는 생각에 불만도 없었고, 업무를 완수할 때마다 내가 쓸모 있는 사람이라도 된 듯 뿌듯함을 느꼈습니다. 그런데 이제는 돈은 벌어야 하니 어쩔 수 없이 붙어 있지만 너무 고단하고 지루하네요. 뭔가를 좀 배워볼까 하다가도 배워서 뭐 하나 싶고, 더 이상 갈아 넣을 체력도 없어요. 신념을 잃고 허무주의에 빠진 것 같은데 어떻게든 다시 의미를 부여하고 마음을 다잡아야겠죠?

　하지만 여전히 많은 의문이 저를 불안하게 해서 시작도 하기 전에 의지가 꺾입니다. 실력, 보상, 동료, 업무 자체, 결정권자들에 대한 의구심…. 사춘기가 또 왔나 봅니다. 너무 부정적인 생각에만 빠진 것 같은데 이 생각을 스스로 깨기가 쉽지 않네요. 이런 슬럼프는 어떻게 극복해야 하나요?

직장 생활 10년 차는 많은 사람들이 전환기로 느끼는 시점입니다. 직장 경험이 충분히 쌓여 전문성을 확보하고, 직장 내에서 중요한 역할을 담당하게 되는 한편, 성장의 한계와 커리어 방향에 대한 고민과 변화의 필요성도 느끼는 때죠.

초기의 빠른 성장과 발전이 멈추고, 이제는 현재의 역할에 대한 정체감이나 직무 만족도 저하를 경험하기 쉽습니다. 특히 같은 직장에서 오랜 시간을 보내면서 새로운 도전이나 성취감을 찾기 어려워지면 직무에 대한 흥미가 떨어질 수 있습니다. 이 시점에서 사람들은 승진이나 직무 변경 혹은 새로운 분야로의 전환을 고민하게 되며, 더 나은 성장과 발전을 위해 커리어 방향을 재설정하고자 하는 필요성을 느낍니다.

또한 일과 삶의 균형에 대한 고민도 커지는 시기입니다. 10년 차가 되면 직장 내에서 어느 정도 안정된 자리를 차지하지만, 그만큼 번아웃이나 감정적 소진을 경험할 가능성도 높아집니다. 개인적인 성숙과 함께 삶의 다른 영역에서도 성취감을 느끼고 싶어지며 가족, 건강, 취미 등의 요소들이 더욱 중요해집니다. 이러한 이유로 많은 사람들은 이 시점을 전환기로 인식하며, 자신의 커리어와 개인적 목표를 다시 평가하고 조정하려는 움직임을 보이게 됩니다.

직장의 전환기는 질풍노도의 시기이기 때문에 누구나 혼란을 경험합니다. 10년이란 시간 동안 높은 수준의 에너지를 유지하며 일을 한다는 것은 누구에게나 부담이 돼요. 사회 초년생 때는 성장과 성취에 대한 열정으로 버텨왔지만, 연차가 쌓이며 그 의미도 동기도 희미해져버리면 지치고 허탈감이 찾아올 수밖에 없죠.

특별히 입사 초기에 직장인, 기업, 조직, 업무 등 새로운 환경에서의 적응과 성장하고 있다는 성취감에 자신의 가치를 인식하지만, 어느 정도 수준에 도달하면 성장의 속도감이 줄어듭니다. 삶이 아무런 변화 없이 반복된다는 인식이 어느 순간 찾아오면 이전 같은 성취감도 강렬한 느낌도 사라지게 되는 건 당연하겠죠. 가만히 한번 생각해볼까요? 사회 초년생의 직장 생활은 성장과 학습 자체가 동기부여의 근간이었습니다. 그러나 시간이 지나면서 더 높은 수준의 만족을 추구하게 되기에 현재의 직장 생활에서는 직장 생활 초기에 가졌던 동기와 의미가 줄어들지 않을까요?

또한 '왜 지금 이러고 있지?', '도대체 월급 외에 직장이 가져다주는 것은 뭐가 있을까?', '이런 상태로 언제까지 버텨야 하지?' 같은 질문이 생기는데 그 질문에 대한 명확한 답을 찾기 어렵다면, 자아와 직업 사이의 불일치로 인해 불만족이 급격히 커지겠죠. 이러한 불만족 상태가 길어지면 직장인으로서의 발달과 성장, 진로 등의 의미와 목적을 상실하게 됩니다. 10년이란 기간 동안 열심히 갈아 넣은 체력도 정신력도 슬슬 소진되니 번아웃에 가까운 상태가 되고 허무와 권태가 찾아온 거예요. 결국 현재에 느끼는 허무감, 불안, 부정은 어떻게 보면 소진된 상태의 부산물이겠죠.

앞에서 다루었던 번아웃은 기능적인 삶과 태도가 어려울 정도의 수준이었지만, 사실 직장인의 슬럼프도 번아웃의 범주 안에 들어갈 수 있어요. 직무 권태, 직무 탈진 등으로도 표현할 수 있습니다. 이러한 상황에서는 에너지가 고갈되고 감정적으로 지친 상태, 업무에 흥미와 열정이 사라지고 무기력과 허무감을 느끼는 상태, 자신의 업무와 역량에 대한 신뢰가 떨어지고 성취감이 감소하는 상태 등이 나타나게 됩니다. 그런데 환경적인 요인이나 나 자신에 대한 내재적 요인의 변화가 없고, 장기적으로 동일한 상황에 노출된다면 심리적인 문제와 갈등은 더욱 커질 수밖에 없겠죠. 그렇기 때문에 어찌 보면 지금이 직장 생활에 있어 나를 이해하고, 변화의 기반을 다질 수 있는 가장 중요한 시기가 될 수 있습니다.

사춘기는 청소년기에 나타나는 심리적 발달의 과정이지만 심리적 발달이 사춘기에만 일어나는 것은 아닙니다. 성인기에도 또 다른 변화와 성장을 위해 심리적인 고민과 갈등이 찾아오고 이를 정리하는 과정을 통해 자기 믿음과 신뢰, 효용성, 안정성, 적응성을 키우게 됩니다. 성인이 되었다고 해서 모든 부분의 성장이 완벽하게 이루어진 것도 아니며, 우리는 사실 죽는 순간까지 계속 성장합니다. 사춘기와 성장을 위한 고민과 갈등을 이야기하다 보니 사춘기와 성인기의 성장과 발달의 과정에서 겪게 되는 심리적 고민과 갈등 그리고 수행해야 할 과제들을 비교해서 설명해드리면 좋을 것 같네요.

청소년기와 성인기의 심리적 발달 과정에는 공통점과 차별점이 있습니다. 이것들을 자아 정체성, 사회적 관계 형성, 목표와 성취의 차원에서 살펴볼까요?

우선 자아 정체성에 대해 얘기해볼게요. 청소년기에는 자신이 누구인지, 어떤 사람으로 성장하고 싶은지 등을 탐색하는 것이 중요합니다. 그렇기 때문에 다양한 역할과 가치관을 경험하며, 나라는 존재를 탐험하고 인식하는 과정에 많은 에너지를 사용하게 되고, 이러한 과정을 통해 존재적인 독립을 시도하게 됩니다. 그러다 보니 기존의 가치와, 부모의 양육 태도, 자율성 등에서 갈등이 생길 수밖에 없죠. 그래서 청소년기를 '질풍노도의 시기'라고 하는 것 같습니다. 성인기의 자아 정체성은 청소년기에 형성된 정체성을 기반으로 새롭게 경험하는 사회와 문화, 책임과 의무, 자유 등을 통해 삶이 의미와 목적과 방향성, 가치와 기준 등을 재평가하게 됩니다. 특별히 관계의 확장, 직장 생활, 경력의 변화, 결혼이나 죽음, 자녀의 양육 등을 경험하면서 자신에 대한 존재감, 삶의 가치와 기준, 미래를 위해 필요한 변화 등의 정체성을 재확립하게 되죠.

다음으로 사회적 관계 형성의 차원에서 살펴볼게요. 청소년기에는 또래 집단과의 관계 형성, 소속감, 부모님이나 선생님 또는 또래로부터의 인정에 대한 욕구가 중요합니다. 이러한 인정을 통해 자기 믿음과 신뢰를 형성하고 사회, 심리적인 단계적 독립을 실현하게 되죠. 성인기에는 독립성과 자율성을 기반으로 직장 동료, 가족, 친구 등의 관계에서 안정감과 소속감을 추구하게 됩니다. 특별히 중요한 인간관계를 유지하고 강화시킴으로써 심리적인 안정감을 유지하는 것이 성인기 사회적 관계의 가장 중요한 요인이 됩니다.

마지막으로 목표와 성취의 관점으로 살펴볼까요? 청소년기에는 학업, 운동, 취미 등의 다양한 활동에 자신만의 목표를 설정하고 이를 달성함으로써 성취감을 얻는 것이 매우 중요합니다. 이러한 과정에서의 성공과 실패는 단단한 자기 의식을 형성하는 기반이 되죠. 물론 성공과 실패를 모두 경험해야 하기 때문에 이러한 과정에서 가족, 부모, 교사 등의 정서적 지지와 공감과 이해는 심리적 성장을 위해 매우 중요한 요인이 됩니다. 성인기의 경우에는 직장 생활 또는 사업을 통한 경력과 진로의 발달, 재정적 안정, 여행이나 자동차와 집 같은 개인적인 성취에 대한 목표를 설정하고 이것을 이루는 과정에서 성취감과 자아 효능감을 느끼게 됩니다.

사연에서의 고민과 갈등은 주로 자아 정체성과 목표와 성취라는 관점에서 바라볼 수 있을 것 같습니다. 이러한 관점에서 청소년기와 성인기의 심리적 발달 과제의 차별점을 살펴볼까요? 에릭슨의 심리적 성장의 발달 과제에 있어서 청소년기는 자아 정체성과 역할의 혼란을 경험하는 시기입니다. 이 시기를 통과하면서 정체성을 확립하고, 삶의 가치와 기준 및 지향점을 정립합니다. 반면 성인기는 생산성과 침체라는 혼란을 경험하게 되죠. 이러한 시기를 통해 사회적이나 직업적 역할에서 성취를 경험하고 지속적인 생산과 효용성을 발휘하게 됩니다. 여기에는 직장에서 중요한 역할을 수행하거나 성장을 위해 노력하고, 후배를 성장시키며, 목적과 의미를 새롭게 정리하고 찾는 과정을 통해 안정적인 자기 신뢰와 존재감, 효능감을 구축하게 됩니다.

그런데 만약 생산성에 대한 수행 과제가 만족스럽지 않거나, 제대로 이루어지지 않는다면 침체기를 경험하게 됩니다. 이때에는 삶의 의미를 찾지 못하거나 무기력감을 느낄 수 있습니다. 더불어 자아 성취감 결여, 직무 불만족, 가족 및 사회 관계의 단절 등이 나타나게 되고 자아 존중감의 하락과 심리적 불안이 나타날 수 있습니다.

이렇게 침체에 머무르게 될 때는 새롭게 삶의 의미와 목표를 설정하는 것이 중요합니다. 직업적 전문성을 위한 성장과 삶의 방향성을 정립하기 위해 단기와 장기의 목표를 세우고 성취할 수 있는 작은 목표로부터 가능성과 성취감을 느낄 수 있어야 합니다. 더불어 자기 발전과 성장을 위한 끊임없는 학습의 과정을 통해 새로운 전문 지식과 기술을 습득함으로써 경력의 관리와 새로운 도전을 시작해야 합니다.

하나 더 살펴본다면 불확실성과 안정감에 있어서 청소년기에는 불확실성이 크고, 불안과 혼란을 느낄 수밖에 없습니다. '나는 누구인가? 도대체 어떻게 성장할 것인가?' 와 같은 근본적인 질문과 그 답을 찾아가는 과정에서 방황과 갈등을 겪게 됩니다. 반면 성인기는 안정감을 추구하는 시기로 경력, 가족, 경제적 안정 등을 통해 삶을 안정시키는 것이 주된 목표입니다. 하지만 이 과정에서도 위기를 경험할 수 있습니다.

미래에 대한 새로운 형태의 불안과 두려움 그리고 갈등이 존재하기 때문이죠. 그렇기 때문에 성인기에는 직업, 진로, 성장, 인간관계, 가정 등 다양한 측면에서 불확실성과 안정감이라는 2가지 측면을 잘 관리하는 것이 중요합니다. 예상치 못한 변화와 도전에 직면할 수 있는 시기이기 때문에 무엇보다 목표를 유연하게 재정립하고 조정하는 것이 중요합니다. 더불어 불안감과 두려움의 요인을 찾고 미리 준비할 수 있도록 노력해야 합니다. 앞서 언급했던 삶의 지지적인 네트워크 구축, 균형 있는 삶의 유지, 건강 증진, 재정적 안정, 지속적인 자기 계발 등을 생각해볼 수 있습니다.

'슬럼프를 어떻게 극복하셨나요?'의 답은 성장을 위한 본질에 충실해야 한다는 것입니다. 지금 이 슬럼프는 누구나 겪는 성장 과정에서의 고민과 갈등이기 때문입니다. 성인기의 심리적 발달 과정의 특징을 확인하고 이 슬럼프를 잘 헤쳐나가길 바랍니다.

9

미래를 생각하면
너무 불안합니다

저는 지금 20대 중반입니다. 중고등학생 때부터 진로와 미래에 대해 불안해했습니다. 불안이 저의 공부 동기가 되었고 대학에 들어가서도 취업 준비를 하는데 시간과 에너지를 집중했습니다. 남들보다 자격증도 정말 많고요.

그런데 저는 아직도 모자라고 불안하다는 생각이 듭니다. 자격증 같은 업무에 필요한 스펙뿐 아니라 외적인 요소도 미래를 위해 가꿔야 한다는 생각이 들어요. 이런 생각들 때문인지 현재를 즐기라는 주변 사람들의 말은 전혀 와닿지 않습니다. 그런데 계속 이런 불안과 압박 속에 사는 게 지치기도 해요. 제가 생각해도 정상적이지는 않은 것 같고요. 저 괜찮은 건가요?

불안은 누구나 겪는 감정이지만, 그것이 너무 오래 지속되면 삶을 지배하고 괴롭힐 수 있습니다. 20대 중반은 학교를 졸업하고 본격적으로 사회에 발을 들이는 시기이기 때문에 안정된 미래를 위해 중요한 결정을 하며 에너지를 집중해야 합니다. 하지만 인생에서 가장 불확실한 시기이기도 해서 불안이 가장 커지기도 하죠. 사회가 요구하는 기대치에 맞춰야 한다는 압박감, 주변의 비교 의식, 그리고 '완벽한 미래'를 설계해야 한다는 생각이 그 불안을 더욱 증폭시킵니다.

이러한 감정은 본인의 능력과 노력이 충분하지 않다는 느낌으로 이어질 수 있어요. 중요한 것은, 미래는 한 번의 선택으로 완성되는 것이 아니라 작은 과정들의 연속이라는 사실을 이해하는 것입니다. 자격증을 준비하고 자기 관리를 위해 노력하는 것도 작은 과정에 속하는 것이고요.

그런데 아무리 완벽하게 준비했다고 생각했는데도 늘 불안 감에 시달리셨을 겁니다. 사실 '완벽한' 준비라는 것은 존재하지 않으니까요. 미래는 아무도 예측할 수 없습니다. 더욱이 기대했던 삶이 아직 현실로 이루지 못했다거나, 기대의 기준이 구체적이지 않다면 불안과 두려움은 사라지지 않을 겁니다. 그래서 '아직도 모자라고 불안하다는 생각'이 드는 것이죠.

또한 완벽주의 성향이 있으시다면 그것이 불안을 악화시키는 요인이 될 수 있습니다. 자격증을 따고 끊임없이 공부하는 과정은 매우 값진 것이지만, 자신을 혹독하게 몰아세우는 것은 오히려 에너지를 소진시키고 성취감을 낮출 수 있습니다.

완벽하지 않아도 괜찮다는 생각을 받아들이는 것이 중요합니다. 실수를 두려워하지 않고 실패도 성장의 일부로 받아들일 때, 진정한 자기 발전이 시작됩니다. 완벽함이 아니라 꾸준한 성장이 더 중요한 목표임을 기억하세요.

자신을 돌보는 시간을 간과할 때도 불안감은 더욱 심해집니다. 자격증 취득이나 직업 준비와 같은 목표는 중요하지만 자신의 감정과 건강을 돌보는 것도 그에 못지않게 중요합니다. 스트레스가 쌓이면 효율성도 떨어지기 마련입니다. 정기적으로 자신에게 휴식을 주고, 걱정에서 벗어나 마음의 안정을 찾는 시간을 가져보세요. 명상, 운동, 취미 생활은 불안감을 완화하고 새로운 에너지를 충전하는 데 큰 도움이 됩니다.

인간의 삶에서 10대와 20대는 '나'를 발견해가는 시기입니다. 새로운 경험에 대한 강한 열정, 모르는 것에 대한 호기심과 탐구욕, 미래에 대한 긍정적인 희망과 기대, 두려움과 불확실성에 맞서는 도전과 위험의 감수, 나의 능력치에 대한 믿음과 내가 세운 목표와 그 목표를 달성하기 위한 자신감, 결정을 내리고 행동에 옮기는 결단력, 경계를 확장하고 다양한 경험을 즐기는 모험심을 키우는 시기인 겁니다. 인생의 중요한 전환기로 신체적·정신적 에너지도 왕성하여, 새로운 경험과 도전에 대한 갈망이 가장 강합니다.

아직 모르는 것이 많기 때문에 적극적으로 도전하려고 하는 시기이기도 합니다. 이처럼 진취적으로 행동할 수 있는 이유는 가족의 재정적·정서적 지지 덕분이기도 하고 아직은 큰 책임을 지지 않는 경우가 많기 때문이기도 합니다. 실패를 해도 부담감이 적으니 무엇이든 도전하고 성장하겠다는 열정이 크죠.

인간은 많은 경험을 통해 한 단계씩 심리적 발달 과제를 수행하고 성장을 이루게 됩니다. 여기서 심리적으로 성장했다는 것은 강인한 정신력이나 어려움과 도전을 대하는 능력 등이 안정적으로 성숙했다는 것을 의미합니다. 이를 통해 나의 감정, 생각, 행동, 동기 등을 이해하는 자기인식을 높아지고 어려움을 직면했을 때 회복력을 갖고 긍정적으로 대처할 수 있게 됩니다. 자신의 장점과 단점을 수용하고 인정하는 자신감과 자존감의 기초가 되기도 하죠.

그런데 사연자님은 다양한 경험에 도전하고 실패를 즐기고 싶은 마음보다는 잘 안될까 봐 두려워하는 마음이 더 크신 것 같습니다. 20대는 도전하는 시기인 동시에 사회적으로 기대를 받는 시기이기도 한데, 현대사회의 빠른 변화와 불확실성은 끊임없이 무언가를 해야만 한다는 압박으로 작용하기도 합니다.

조금 더 구체적으로 말하자면, 첫 번째로 심리적인 차원에서 무언가 늘 부족한 것 같다는 자기 신뢰의 저하로 인한 정서적 불안정이 생깁니다. 두 번째로 사회적 차원에서 자기를 증명하려 애쓰고 외부적 평가에 집착하게 됩니다. 소셜 미디어가 발달하면서 나에 대한 기준은 높아지고 평가에는 취약해지는 겁니다. 마지막으로 경제적 안정이나 잘생기고 예쁜 외모에 대한 가치를 높게 평가하니 자기 계발과 자기 관리를 해야 한다는 압박감도 높아집니다. 이는 결국 소중한 지금 이 순간을 온전히 즐기고 누릴 수 있는 행복을 희생시키는 겁니다. 우리는 너무나 오랫동안 미래를 위해 현재의 즐거움과 행복을 미뤄왔습니다.

'대학만 가면 내가 하고 싶은 거 다 할 수 있으니까 참고 공부 열심히 하자.'

'좋은 직장을 다니면 내가 하고 싶은 것, 사고 싶은 것 살

수 있고, 여유로운 삶을 누릴 수 있어. 조금만 참고 스펙을 만들자.'

이런 식의 희망 고문을 하면서 말이죠. 지금 이 순간의 행복을 포기하며 얻은 미래도 결국 더 먼 미래를 위해 포기할 수밖에 없게 될 겁니다. 현재를 즐기고 행복을 극대화할 수 없다면 미래의 극적인 반전이나 변화를 기대하기도 어렵습니다. 끊임없이 더, 더, 더 잘하려고 하고 새로운 기준에 맞춰 아등바등하기 때문이죠.

물론 미래를 준비하지 말라거나 현재만 중요하고 미래는 생각할 필요가 없다는 이야기는 절대 아닙니다. 더 나은 미래를 위해 노력하면서도 현재의 삶에서 균형과 만족감, 행복, 평온함을 이해하고 즐길 수 있어야 미래의 삶에서도 동일한 것들을 누릴 수 있다는 거예요.

"최선의 노력을 다했다 해도 최고가 되지 못할 때가 있다."

제가 상담할 때 자주 하는 말입니다. 어떤 일을 하면서 목적과 방향 그리고 기준이 명확하지 않아 더 이상 전략이 제대로 작동하지 않는다는 것을 알면서도 다른 대안이 없는 것 같아 지속한다면 아무리 최선을 다했다고 해도 최고가 될 수 없습니다.

불확실한 미래가 두려워 현재를 포기하며 노력한다고 해

서 그토록 원하던 기준에 완전히 부합한 사람이 될 수 있을까요? 물론 어느 정도 그 기준에 가까워질 수는 있겠지만, 결국 더 많은 것을 원하게 되고 새로운 기준은 계속 생기기 때문에 완벽하게 만족할 수 없을 겁니다. 시간이 지나면서 자신의 부족한 점들은 계속 보일 테고 그것들을 보완하며 또 다른 미래를 준비하려고 한다면 끝이 없을 겁니다.

이제부터는 미래에 대한 불안과 두려움을 관리할 수 있는 새로운 전략을 만들어보시면 좋겠어요. 앞에서 이야기했던 발달의 과제를 통해 삶의 기반을 만드는 작업이 우선되어야 현재와 미래의 괴리와 갈등을 정리할 수 있습니다. 여기서 가장 중요한 것은 누군가가 만들어 놓은 기준과 평가가 아닌 나만의 가치와 목표와 방향성을 확고하게 구축하는 것이겠죠.

그러기 위해서는 많은 자격증과 좋은 스펙이 가져다줄 수 없는 다양한 성공과 실패의 경험, 관계가 만들어주는 풍성함, 쉼이 가져다주는 안정감, 즐거움이 가져다주는 행복을 바로 지금 느낄 수 있어야 해요. 그래야 앞으로도 계속해서 삶을 즐길 수 있기 때문입니다.

누구나 불확실한 미래를 두려워하고 불안해합니다. 결코 비정상적인 생각이 아니에요. 더 나은 미래를 준비하면서도 현재의 행복과 즐거움을 포착하고 누릴 수 있기를 바랍니다.

불안은 쉽게 사라지지 않지만, 그 감정을 이해하고 스스로를 돌보는 과정에서 조금씩 극복할 수 있습니다. 미래에 대한 압박에서 벗어나 지금 이 순간의 작은 성취를 소중히 여기시면 좋겠습니다. 자신을 돌보는 시간을 잊지 말고, 필요하다면 도움을 요청하는 것도 주저하지 마세요. 당신은 지금도 충분히 잘하고 있으며 그 노력은 분명히 결실을 맺을 것입니다.

3장

좋은 리더가
될 수
있을까요?

일 시키면
하기 싫은 티 내는 팀원

저는 직원이 10명도 안 되는 회사에서 팀장으로 일을 하고 있습니다. 최근에 경력 1년 차 팀원이 들어왔는데 너무나 답답합니다. 아직 업무에 적응할 시간이 필요할 것 같아 매일 할 일을 알려주고 있어요. 그 일들이 결코 과한 양이 아닌데, 다 끝내지 못해도 업무 시간 끝났다고 가버리더라고요. 당일에 꼭 끝내야 하는 일이라고 말했는데도 말입니다. 일이 어려워서 못 끝냈다고 미리 말했다면 같이 해결하자거나 우선 퇴근하고 내일 마저 하라고 말했을 겁니다. 그런데 그런 말도 없고 한 번은 무조건 오늘 안에 끝내고 가라고 했더니 기분 상한 티를 내더라고요.

업무 매뉴얼도 제대로 숙지하지 않아서, 마지막 단계들은 꼭 빼먹고요. 끝까지 업무를 마무리하라고 말하니 한숨을 푹푹 쉬고… 능동적으로 일하는 모습은 보여주질 않습니다. 우선 진지하게 면담을 해보려고 하는데 걱정입니다. 이런 팀원은 해야 할까요?

규모가 크지 않은 회사에서는 한 사람이 담당해야 할 업무가 매우 많죠. 인력 자원이 제한되어 있기 때문에 한 사람이 여러 역할을 동시에 맡는 경우도 있고요. 거기에다 중간관리자 역할까지 하고 있다면 더 신경 쓸 부분이 많을 겁니다.

팀원과 손발이 잘 맞고 신뢰가 쌓여 있어야 그나마 일을 빠르게 처리할 수 있을 텐데, 해야 할 일은 안 하고, 책임감도 미안한 마음도 없고, 질책하면 오히려 불편하다는 태도를 보이는 팀원 때문에 마음이 얼마나 괴로우실지 짐작이 갑니다. 그 팀원 하나가 팀 전체의 분위기와 성과에도 영향을 미칠 것이기 때문이죠. 더군다나 소규모 회사에서의 중간관리자는 경영진과 직원 사이의 유일한 소통의 다리이기도 해서 더 중요한 역할을 해야 합니다.

제 주변에도 소규모 법인을 경영하고 있는 지인이 있는데요. 가장 힘든 일이 신규 직원을 채용하고 유지하는 것이라고 합니다. 이야기를 들어보니 회사의 대표와 직원 사이에는 관점 차이가 너무 크더군요. 대표 입장에서는 회사의 규모, 동종 업계 수준, 지원자의 경력과 자격 등을 기반으로 연봉과 대우를 책정하고 그에 맞는 업무를 수행하리라 예상할 겁니다. 그런데 막상 채용 과정에서 만난 면접자들은 경력이나 실력에 비해 높은 수준의 연봉과 대우를 기대하는 경우가 많다고 합니다.

어쨌거나 이러한 상황들을 듣고 연구하는 과정에서 학력, 경력, 전문성 등 객관적 지표는 따지지 않고 기준 없는 자기평가로 현실감을 잃은 사람들이 생각보다 많다는 것을 확인하게 되었어요. 안타깝지만 이러한 기대 수준의 갈등은 일을 통한 만족과 성장을 막고 결국 직장 생활과 삶의 행복을 떨어뜨리는 기반이 됩니다.

직장 생활에 대한 기대와 현실 간의 차이가 크면 클수록 원하는 회사를 찾기도 어려울뿐더러 취업하더라도 소속감, 만족감 등 일과 성장을 위한 동기가 떨어질 수밖에 없습니다. 이렇게 되면 사연 속 팀원처럼 일에 대한 태도도, 배우려는 의욕과 열정도 점점 사라져버리게 됩니다.

'내가 이런 수준의 일을 할 사람은 아니지!'

'이 정도 연봉과 대우라면 나도 이만큼만 일할래.'

'내 할 일은 다했는데 뭘 더 하라고 잔소리를 하는 거야….'

이런 생각으로 자신을 정당화하고 있을 겁니다.

그런데 기대와 현실 간의 차이는 과거에도 존재했을 텐데 왜 최근 들어 더 두드러지게 나타나고 문제가 되는 것일까요? 이에 대해 설명하기 위해 사회적 비교Social Comparison를 먼저 살펴보겠습니다.

사회적 비교는 사람들이 자신을 평가하고 이해하는 과정에서 다른 사람들과 비교하는 심리적 메커니즘을 말합니다. 1954년 미국의 사회심리학자 리언 페스팅거Leon Festinger가 처음 제시한 이 이론에 따르면, 사람들은 자신의 능력이나 성취, 상태를 객관적으로 평가하기 어렵기 때문에 타인과 비교하여 자신을 평가하는 경향이 있습니다. 이러한 비교는 2가지 방향으로 이루어집니다.

· 상향 비교Upward Comparison: 더 나은 성과를 내는 사람과 자신을 비교하여 동기를 얻거나 열등감을 느끼게 합니다.

· 하향 비교Downward Comparison: 자신보다 낮은 성과를 내는 사람과 비교하여 우월감을 느끼게 합니다.

사회적 비교는 긍정적인 자기 발전을 도모할 수 있지만, 과도하면 스트레스나 자존감 저하로 이어지죠. 사람들이 SNS에서 누군가의 화려한 모습을 자신과 자신이 속한 회사와 상향 비교를 하며 삶의 기준을 높이면 현실이 만족스럽지 않을 겁니다.

또한 자신의 지식과 판단, 능력과 경력에 있어 현실적이지 않는 과도한 확신을 하게 되는 과잉 확신Overconfidence과, 실제 자신이 가지고 있는 능력과 가능성을 지나치게 긍정적으로 평가하는 낙관적 편향Optimism Bias도 직장 생활에 대한 기대와 현실 간에 괴리를 느끼게 합니다.

이렇게 자신에 대해 과도하게 확신하거나 지나치게 낙관적인 태도를 보이는 것은 한편으로 자아를 보호하고 동기를 부여하기 위한 심리적·사회적 작용입니다. 과잉 확신과 낙관적 편향은 자신의 능력을 긍정적으로 바라보며 자신감을 높이고 자존감을 유지하는 데 도움을 줍니다. 더불어 주어진 과제를 잘 수행할 수 있다고 믿으며 더 큰 도전의 목표를 설정할 수 있는 동기부여도 되고요.

이렇게 긍정적 요인이 무궁무진함에도 실패에 직면하게 되면 문제를 해결하고 성장을 위해 노력하기보다는 사회, 회사, 팀장 등 다른 누군가를 탓하며 자기방어라는 모순에 빠지게 됩니다. 안타까운 일이죠. 직장에서 리더의 역할을 수행하다 보면 함께 일하는 팀원에게서 자주 볼 수 있는 현상들이에요.

　이제 이러한 상황을 팀장의 입장에서는 어떻게 해결해야 할까요? 팀원과 진지하게 면담을 해보겠다고 하셨는데, 면담을 통해 해당 팀원의 동기 부족이나 업무에 대한 불만의 구체적인 이유를 알아낼 수 있다면 그것이 문제 해결의 첫 단계가 될 수 있습니다. 예를 들어, 업무에 대한 명확한 이해가 부족했다거나 업무가 과도하다고 느꼈다거나 팀 내에 갈등이 있었다거나 개인적인 문제 등을 알아내면 개선책을 마련할 수 있으니까요. 주의해야 할 점은 면담이 잘못된 점을 지적하고 앞으로 개선해야 한다고 말하는 질책과 훈계의 자리가 되지 않도록 하는 것입니다.

　팀원이 일에 대해 성의 없는 태도를 보였던 원인을 확인했다면 다음 과정은 일과 성장을 위한 동기를 찾아주는 작업입니다. 여기서 우선시되어야 할 부분은 팀원이 원하는 삶과 진로의 목표, 방향 그리고 필요한 경력, 자격, 경험 등을 확인하는 것입니다. 팀원에게 아직 삶과 진로에 대한 확고한 목적과 방향이 없더라도 대략의 그림이라도 확인할 수 있다면 여기서 현실과 기대의 괴리를 찾을 수 있을 거예요. 이러한 괴리를 팀원이 인식할 수만 있다면, 이 시점이 현재의 업무에 충실해야 하며 성장을 위해 끊임없이 노력해야 한다는 동기를 갖는 시간이 됩니다.

면담을 하다 보면 팀원이 아직은 업무의 이해가 부족하고 대인관계 기술도 부족한 사람이라는 사실을 알게 될 수도 있습니다. 어떤 때는 업무 지시가 정확하지 않았거나, 입사 초기의 회사 차원의 약속이 지켜지지 않아서 회사에 불만이 있는 상태였을 수도 있습니다. 면담은 팀원을 이해하고, 그가 직면한 현실과 기대의 괴리를 찾고, 변화를 위해 노력할 수 있도록 조력하는 과정이 되어야 합니다. 만약 여러 가지 조치를 했음에도 불구하고 개선이 되지 않는다면, 직무를 재조정하거나 경고를 통해 강력하게 대처해야 합니다.

고대 철학자 마르쿠스 아우렐리우스는 그의 저서 『명상록』에서 "어떤 사람들은 그들이 선택할 수 없는 일을 견뎌내야 한다. 중요한 것은 그 과정에서 우리의 성품을 유지하는 것이다."라고 말했습니다. 이처럼, 힘든 상황에서도 당신이 보여주는 끈기와 리더십은 결국 팀과 회사의 방향을 바꾸는 중요한 요소가 될 것입니다.

2

팀원이 무례하게 행동하고
이간질을 하고 다녀요

　부서에 무례한 언행을 하는 직원이 있을 때 어떻게 대처하나요? 저는 최근에 팀장으로 승진하면서 부서 이동을 했습니다. 그런데 이 부서에 너무 무례한 말과 행동을 하면서 사람들의 편을 가르고 이간질하는 직원이 있어서 힘드네요.

　처음엔 참으면서 잘 대하려고 해보고, 그냥 사무적인 태도로만 딱딱하게 대하기도 해보고, 좀 아닌 것 같다고 제법 강하게 말도 해봤는데 어쨌든 스트레스받는 건 똑같습니다. 도대체 어떻게 대해야 할까요? 매번 뭐라고 하자니 부서 분위기도 신경이 쓰이고 팀장으로서 참 어렵습니다. 게다가 제 성격상 기 싸움에서 이길 자신도 없어서 더 힘들어요.

사회 초년생을 지나 중간관리자로 성장할 시기가 되면 단순히 자신의 업무를 신경 쓸 뿐만 아니라 팀과 팀원들을 관리하는 측면에서도 성장을 위한 준비를 시작해야 합니다. 경력이 쌓인다고 해서 리더십도 자연스럽게 길러지는 게 아니거든요. 과장이나 차장급이 되면 중간관리자로서 프로젝트를 이끌기도, 팀장으로서 소규모 집단을 관리하기도 하는데 바로 이때가 관리의 역량을 경험하는 중요한 시기가 됩니다.

　물론 한창 일이 바쁜 시기이다 보니 리더십 역량을 키우는 데는 그다지 신경 쓰지 못할 수 있어요. 하지만 리더로서의 자질을 쌓는 것은 이때부터가 시작이며 누가 팀장이 되고 성장할 것인가 역시 일과 관리의 역량을 통해 준비된다고 볼 수 있습니다. 중간관리자는 자신이 맡은 업무에 관한 전문성을 키우는 것과 함께 리더로서의 역량과 자질을 갖추는 것에도 신경을 써야 합니다. 이제 막 팀장이 되었다면 기억해야 할 사항이 있습니다.

- 팀원들과 신뢰 관계를 구축하고 그들의 능력을 믿으며, 책임을 적절히 위임해야 합니다. 이는 팀원들이 스스로 성장할 기회를 얻도록 도울 뿐만 아니라 팀 전체의 성과를 극대화하는 데 기여합니다.

- 팀장의 의사소통은 명확해야 하며, 기대치와 목표를 분명히 설정하고 주기적으로 피드백을 제공하여 팀원들이 올바른 방향으로 나아갈 수 있도록 가이드를 제공해야 합니다.

- 초보 팀장은 갈등을 두려워하지 말고, 공정하고 객관적인 결정을 내려 팀 내 조화를 유지할 수 있어야 합니다.

"지도자는 본보기로 통치하고, 행동으로 가르치며, 모든 이에게 모범이 되어야 한다."

리더십 전문가 존 맥스웰John C. Maxwell이 그의 저서 『리더십 골드』에서 한 말입니다. 초보 팀장은 말보다 행동으로 본보기를 보여야 하며, 솔선수범하는 리더십이 팀의 성공에 중요한 요소임을 기억해야 합니다.

사연자님이야말로 이제 막 팀장이 된 초보 팀장인데 너무 빠르게 난관을 만나서 더 혼란스러우실 것 같습니다. 팀원들과 안정적인 관계를 만들고 지지를 받으며 팀을 이끈다 해도 팀장의 일이란 어렵기 마련인데, 불편한 팀원까지 있으니 부담감이 더 크실 겁니다. 특히 가장 어려운 인간관계 문제를 풀어가야 하는데, 그 전에 먼저 중간관리자가 겪게 되는 심리적 어려움에 대해 먼저 말씀드리고 싶습니다.

중간관리자 역할을 맡은 초기에는 다양한 심리적 불편감을 경험하게 되는데, 이러한 불편감의 근간은 대부분 신뢰, 정체성, 권위, 의사소통, 소속감과 많이 연결되어 있습니다.

초보 팀장이 기억해야 할 첫 번째 사항으로 얘기한 것처럼, 신뢰는 팀원과 리더 간의 가장 중요한 관계 요인입니다. 신뢰가 형성되지 않는다면 팀을 안정적으로 이끌어가기 어려울 뿐만 아니라 불만과 불안의 기반이 되기 때문입니다. 신뢰는 한순간에 얻어지지 않으므로 절대적인 시간이 필요합니다. 조급한 마음을 내려놓고 나만의 리더십을 확고하게 다져나가는 것이 중요합니다.

또한 내가 원하는 팀원들을 모아 새로 팀을 꾸린 게 아니라 기존에 있던 부서에 팀장으로 부임한 것이니, 새로운 팀장과 팀원 간의 정체성의 충돌이 발생할 수도 있습니다. 팀에 고착

된 문화나 업무 방식은 긍정적이었든 부정적이었든 나름 안정된 직장 생활의 기반이 되곤 합니다. 그런데 새로운 팀장의 등장으로 기존 정체성을 지키고 싶어 하는 팀원들은 불안감이 높아졌을 겁니다. 이때의 불안감은 좋은 방식으로 표출되기 어렵습니다. 따라서 팀원들을 위해 새로운 팀장으로서 자신의 업무 방식과 성향 등을 먼저 이야기하는 것도 도움이 될 것입니다.

더불어 권위에 대한 반발 역시 새로운 팀을 맞게 된 팀장이 경험하는 심리적 불편감의 주요 원인입니다. 팀원들의 반발은 새로운 팀장이 부임하기 전부터 이미 존재했을 가능성이 높습니다. 기존 리더와 구성원의 갈등이 있었고, 이를 통해 권위에 대한 부정적인 경험을 쌓아왔을 수 있어요. 특히나 이러한 권위에 대한 반발이 심한 팀원이라면 사연처럼 무례한 언행을 사용하고 기 싸움을 통해 관계를 통제하려는 시도를 해볼 수 있지 않을까요? 물론 이런 식으로 나오는 팀원이라면 상대하기 쉽지 않은 것이 사실입니다. 하지만 대화를 통해 새로운 팀장을 향한 오해와 이유 없는 반발심은 어느 정도 해소할 수 있을 겁니다.

이제 마지막으로 가장 중요한 의사소통에 대해 이야기하겠습니다. 사람들은 새로운 책임과 의무가 생기면 존재감을 확인시키기 위해 소통과 관계보다는 업무와 결과에 집중하는 경향을 보입니다. 자신의 역량을 증명하려는 압박감 때문에 결과 중심적인 태도를 취하게 되고, 업무 중심적인 소통이 서로의 심리적 갈등을 증가시키는 원인이 되기도 해요. 새로운 팀을 안정적으로 이끌고 성과를 내는 것은 효과적인 의사소통을 통한 신뢰와 권위, 정체성의 구축이 우선되어야 가능합니다. 그렇기에 팀의 의사소통 방식, 언어와 문화, 개인적 특성, 과거사 등의 전반적인 이해가 있어야 합니다. 물론 팀장의 성향과 태도에 따라 새로운 변화를 이끌어가야 하겠지만, 변화를 위한 첫 번째 단계는 과거와 현재를 정확하게 파악하고 그 기반 위에 미래를 새롭게 만들어가는 것입니다.

앞으로 승진할수록 더 많은 심리적 불편감을 경험하게 될 겁니다. 중요한 것은 갈등의 원인을 하나씩 찾고, 중요성에 따라 하나씩 문제를 해결해나가는 과정입니다. 이는 갈등과 고민의 과정인 동시에 리더로서 성장하는 과정이 되겠죠. 저 연차 시절에는 시키는 일만 잘해도 인정받을 수 있었지만, 이제는 팀장의 역할을 수행해야 하기 때문에 관리자의 역량을 한 단계씩 성장시켜야 할 시기가 온 겁니다. 무례한 언행의 팀원을 관리하는 것 역시 앞으로 닥칠 인간관계의 어려움을 이겨내기 위한 첫 번째 과제라고 할 수 있겠습니다.

그렇다면 '무례한 팀원 관리'라는 첫 번째 과제를 해결하기 위해 어떤 전략을 만들 수 있을까요? 사연에서 드러나듯이 여러 방법을 통해 문제를 해결하려고 노력했지만 스트레스를 받는 건 마찬가지이고, '사람들의 편을 가르고 이간질하'는 그 팀원에게 '이길 자신도 없어서' 힘들다고 하셨는데요. 그렇다면 상대방보다는 나 자신에 초점을 맞추는 게 좋겠다는 생각도 듭니다. 조직에서 불화를 조성하고 갈등을 키우며 자신의 입지를 강화하려는 사람이 있습니다. 그들의 전략은 감정을 자극해 다른 사람의 실수를 유도하는 것이므로, 침착함을 유지하고 차분하게 대응하는 것이 중요합니다. 직접 대립하지 않으면서 현명한 전략을 세워야 합니다.

일단 몇 마디로 타이른다고 그 사람이 성격이 바뀌지 않습니다. 바꿀 수 없는 상대방의 성격 때문에 노력하며 스트레스 받지 말고 좀 더 넓은 시야로 상황을 조망하면서 '나만의 리더십'을 구축하고 마음을 다잡아야 합니다.

이제부터는 본인이 성장을 위한 변화의 주체자가 되어 나만의 확고한 리더십을 구축하는 것입니다. 눈앞에 보이는 상황만 종결하려고 하는 회피형 리더십으로는 오래 갈 수 없고, 팀원들은 '우유부단한 리더'라고 평가할 겁니다.

여기서 말하는 '나만의 리더십'이란 자신의 가치관, 평가 기준, 직업과 업무에 관한 이해, 관계 성향 등을 이해하고 경험하고 학습함으로써 견고해진 자기 신뢰와 효용성을 기반으로 만들어집니다. 따라서 나의 내면을 자주 또 깊이 바라보고 정리하는 시간이 절대적으로 필요합니다. 이렇게 자신에 대한 이해를 통해 자기 신뢰와 효용성이 생겼다면 이제 어떤 리더로 성장할 것인지 그 개념을 스스로 정립해야 합니다. 팀과 업무에 대한 전체적인 방향과 전략이 구상되었다면 이제부터 내가 소속되어 있는 팀이 리더로서의 성장을 위한 좋은 테스트 베드가 되어줄 것입니다. 이때 팀원들의 피드백을 통해 나만의 리더십이 더욱 확고해지며 성장하게 됩니다.

더불어 안정적인 리더십 역량을 개발하기 위해서는 성장의 우선순위를 만들어야 합니다. 지금 내게 가장 필요한 리더십 역량이 무엇일지 스스로에게 질문하며 우선순위를 찾아보세요. 의사소통 및 공감 능력, 타인에 대한 인식, 갈등관리, 업무 능력 향상 등의 역량이 필요하겠지만 사연과 같은 경우라면 먼저 동료 팀장이나 임원과의 관계를 잘 구축하시기를 추천합니다. 초보 팀장으로서 빠르게 팀에 적응하고, 나만의 리더십을 제대로 발휘할 수 있도록 도움을 받으려면 지지기반이 필요하기 때문이죠. 팀장으로서 모든 게 처음인 상황에서 조언을 구하거나 도움을 청할 사람이 있다면 큰 힘이 될 것입니다.

더군다나 무례한 태도를 통해 기 싸움을 하겠다고 달려드는 팀원을 상대하기 위해서는 무엇보다 고위급의 협조와 지지를 통해 권위를 확보해야 합니다. 여기서 말하는 권위는 직급을 내세우며 불합리하게 행동하는 권위적인 태도를 의미하는 것이 아니라, 리더로서 팀을 잘 이끌어내기 위한 영향력과 위신을 의미합니다. 동료 팀장이나 임원의 지지와 협조가 있다면 내가 굳이 그 사람을 상대를 하지 않더라도 자연스럽게 팀장으로서의 권위를 가질 수 있으며, 쓸데없는 에너지 소비와 팀 내 갈등을 최소화할 수 있습니다.

안정된 지지기반 확보는 팀 외부뿐 아니라 내부에서도 함께 이루어져야 합니다. 그러기 위해서는 앞에서 살펴본 불신과 팀의 정체성 혼란, 권위에 대한 반발과 의사소통의 부재 등의 갈등을 원만하게 해결할 수 있어야겠죠.

앞서 언급했듯이 의사소통이 가장 중요합니다. 이때 열린 대화를 통해 팀원들의 강점과 관심사 파악하는 등 개인적으로도 친밀한 관계를 형성하고, 다양한 의견을 존중하며 공동의 목표를 설정하는 등 나만의 확고한 리더십을 적극적으로 발휘할 수 있어야 합니다.

3

차라리 팀원 시절로
돌아가고 싶어요

팀장으로 일한 지 얼마 안 되었는데, 팀장이 되고 나니 업무 영역이 많이 달라졌어요. 아무래도 실무보다는 전반적인 업무 진행과 팀원 관리를 하고 있는데요. 몇 달밖에 안 지났는데 벌써부터 지치고 힘이 듭니다. 요즘은 마음 편하게 실무만 하고 싶다는 생각이 너무 많이 들어요. 팀장이라는 이유로 원래 하던 업무 외에 경험이 아예 없는 새로운 업무도 맡아서 하게 되어 부담만 더해졌습니다.

평생 팀원으로 있을 수는 없겠지만, 지금은 너무 힘들다는 생각만 들어요. 요즘 하루 종일 우울하고 집에서 쉴 때도 문득 회사 일이 생각나면 우울해지고 눈물이 나기도 합니다. 부장님에게 말해야 할까요? 아침마다 회사 가는 발걸음이 무겁습니다.

승진의 기쁨은 커다란 성취감을 주지만, 이후 리더로서의 책임감이라는 무게를 견뎌야 할 시간이 서서히 다가옵니다. 팀장이 해야 할 일이나 역할도 낯설어서 실무만 잘하면 되었던 익숙하고 안정적이었던 과거로 회귀하고 싶어질 겁니다.

인간은 본능적으로 안정성과 예측 가능성을 선호합니다. 새로운 역할에 대한 불확실성이 스트레스를 유발하면, 과거의 익숙한 업무와 환경이 더 안전하고 안정적으로 느껴지게 되는 거죠. 그때도 힘들었고, 빨리 연봉도 올리고 승진하고 싶다는 열망이 있었을 텐데 그건 잊어버리고 말이죠. 새로운 도전 앞에서 과거로 돌아가고 싶은 마음은 이러한 불안을 해소하려는 심리적 기제라고 할 수 있습니다.

사실 아무리 사소하거나 좋은 변화라 해도 안정화되기까지 크고 작은 스트레스가 있기 마련입니다. 하지만 하루 종일 우울하고, 퇴근 후 집에 있어도 회사 생각에 눈물이 날 정도의 수준이라면 우울증의 가능성이 있어서 전문가의 도움이 반드시 필요하다는 생각이 드네요.

『정신장애 진단 및 통계 편람Diagnostic and Statistical Manual of Mental Disorder』에서는 다양한 정신 질환을 정확하게 진단하기 위한 매뉴얼을 가지고 있어요. 이러한 매뉴얼을 근거로 어떠한 증상이 있는지를 확인하며 우울증 등을 진단하게 됩니다. 우울증은 단순한 슬픔이나 스트레스가 아닌, 지속적이고 전반적인 감정적 저하와 일상생활에서의 기능 장애를 동반하는 심리적 상태를 말합니다. 이러한 증상이 2주 이상 이어질 경우 우울증을 의심할 수 있습니다. 혹시 다음과 같은 증상이 있었는지 체크해보세요.

- 지속적인 슬픔 또는 공허함의 느낌
- 흥미나 즐거움의 상실(일상적인 활동에 대한 무관심)
- 피로감이나 에너지 감소
- 집중력 저하 또는 결정 내리기 어려움
- 수면 문제(불면증 또는 과도한 수면)
- 식욕 변화(체중의 변화)
- 자기비하나 무가치함에 대한 생각
- 자살에 대한 생각 또는 자해

이 중 2가지 이상이 해당된다면, 특히 죽고 싶다는 생각이 한 번이라도 들었다면 정말 누군가의 도움이 필요한 시점입니다. 사연자님이 느낀 감정을 중요하게 여기고 적절한 치료를 통해 회복해가는 것이 좋습니다.

심각한 정도가 아니라면, 현 상황의 문제를 자세히 뜯어서 분석해보는 것도 해결에 도움이 됩니다. 첫 번째 내면의 변화를 위해 스스로 할 수 있는 것, 두 번째 조직 차원의 변화를 위해 할 수 있는 것. 이 2가지를 지금부터 생각해봤으면 합니다. 현재의 사연자님은 팀장으로서 새로운 업무와 적응을 위해 도전할 수 있는 상태가 아닙니다. 일단 '나부터 살아야' 그 이후를 생각할 수 있지 않을까요? 세상 그 무엇보다 소중한 것은 나 자신이잖아요. 직장, 승진, 인정, 관계를 위해 애쓰는 일도 일단 내 마음이 편안해야 가능한 일입니다.

그렇다면 나 자신을 위해 할 수 있는 것들을 먼저 찾아볼까요? 우선 일과 삶의 경계를 명확히 설정해야 합니다. 경계가 잘 설정되어야 업무 시간과 퇴근 후의 삶이 안정적으로 전환되고 온전한 쉼의 시간을 가질 수 있겠죠. 그런데 퇴근했음에도 남겨둔 업무를 생각하고 책임감 때문에 힘들어한다면 어디에 있든 정신은 여전히 회사를 떠돌며 고민하고 갈등할 수밖에 없습니다.

앞으로는 퇴근 전에 오늘 했던 일과 내일 출근 후 해야 할 일들을 메모로 남겨두세요. 몸도 마음도 회사에서 퇴근한다는 나만의 의식을 만드는 거예요. 또한 퇴근 후 회사에 남겨두고 온 이런저런 일들이 떠올라 부담감이 느껴지려 할 때는 이렇게 주문을 외우세요

'중요하게 해야 할 일들은 정리해뒀으니까 내일 출근해서 하면 돼.'

이렇게 하면 시도 때도 없이 몰려오는 회사 생각을 날려버릴 수 있습니다.

두 번째로 성과와 목표를 명확하게 설정하고, 내가 할 수 있는 것과 할 수 없는 것을 구분해보세요. 상담실에서 만나게 되는 중간관리자 이상의 직장인들은 중간관리자의 역할과 그에 따른 책임을 비합리적으로 높게 잡아서인지 자신을 회사를 위한 기계로 생각하고 있는 경우가 많았습니다.

그런데 사람은 기계가 될 수 없습니다. 머릿속으로 생각한 높은 수준에 도달할 수도 없으니 노력하면 할수록 자괴감과 괴리에만 빠지게 되는 겁니다. 이제 팀장으로 내가 해야 할 역할, 책임, 수준 등을 명확하게 설정하세요. 그리고 내가 할 필요가 없거나 할 수 없는 것은 과감하게 포기할 수도, 권한을 위임할 수도 있어야 합니다.

세 번째로 지금 내가 느끼는 심리적인 고통을 의지할 수 있

는 사람들에게 표현해보세요. 정말 어렵고 힘들 때는 누군가의 조언이나 해결책도 듣고 싶지 않을 겁니다. 그럼에도 나를 정서적으로 지지해줄 대상이 있다면, 현재 내가 가진 고민과 갈등 그리고 심리적인 아픔을 말로 표현해보길 바랍니다. 아무런 평가도 해결책도 내놓지 말고 단지 말을 듣고 공감만 해달라고 이야기하세요.

누군가가 들어준다는 것만으로도 나만 겪어야 하는 아픔이 아니라는 것을 통해 위안받을 수 있고, 때로는 감정을 언어로 표현하는 것만으로도 마음이 편해집니다. 우리가 느끼는 감정을 언어로 구체화함으로써 자기 인식과 정서적 해소가 이루어지기 때문인데요. 감정을 객관적으로 바라볼 수 있게 되어서 그로 인한 불안이나 스트레스가 줄어들게 됩니다. 그러면 점차 '내가 잘해야 해. 문제가 없어야 해. 참고 버텨야 해.'라는 강박적인 생각에서 조금은 자유로워질 수 있어요.

또한 말씀하신 것처럼 현재 본인의 상황을 상사에게 털어놓고 개인의 문제가 아니라 회사나 조직 차원에서 해결할 방법이 있는지 논의해보시길 바랍니다. 팀장을 맡은 지 얼마 되지 않아 부담되겠지만 지금은 무엇보다 개인의 정신적 건강을 우선시해야 합니다.

많은 직장인이 '남들은 잘하고 아무렇지도 않은 것 같은데 왜 나만 이렇게 나약하지?'라는 생각에 참고 버티려고 합니다.

'직장이 원래 그런 거지. 다들 하는 건데. 나약하면 안 돼. 먹고 살려면 버텨야 하는 거야. 내가 책임져야 할 사람들이 많이 있잖아….'

이런 식으로 자신을 위로하려는 방어기제가 반복되면 감정을 억누르게 되고 번아웃이나 심리적 탈진으로 이어질 수 있어요. 그때마다 아물지 않은 상처는 계속 덧나게 되고요. 버티는 건 방치일 뿐 치료가 될 수 없습니다.

사실 자극에 대한 반응과 역치는 누구도 동일할 수 없어요. 사람마다 성향이나 환경이 너무나 다르기 때문이죠. 한 사건이 어떤 사람에게는 아무런 일이 아닐 수 있지만 누군가에겐 너무나 힘든 짐이 될 수 있고, 어떤 사람에게는 즐겁고 행복한 경험이 누군가에는 정말 경험하기 싫은 것이 될 수도 있죠.

'나는 어떤 사람이지? 내가 좋아하거나 싫어하는 것은 뭘까? 나의 에너지는 얼만큼이고 어떤 상황에서 에너지가 크게 사용되지? 내 삶의 중요한 가치와 기준은 무엇이지?'

자기성찰을 통해 '나'를 제대로 이해해야 자극에 대한 수용치과 저항치를 알 수 있고, 그에 따라 외부의 자극에 맞닥뜨렸을 때 잘 대처할 수 있습니다.

중간관리자가 되고 임원으로 승진하는 것이 모든 사람의 목표는 아닐 수 있습니다. 어떤 사람들은 일과 삶의 균형을 유지하며 만족감을 느끼는 것을 더 중요하게 생각할 수 있고, 다른 이들은 특정 직무나 전문성을 계속 심화시키는 데 더 큰 가치를 둘 수 있습니다. 누군가가 만든 성공의 지표를 따라가지 말고 자신의 가치를 찾아가세요.

적당히 일하며
대충 살고 싶어요

어느덧 연차가 차서 곧 팀장 진급을 앞두고 있는데 생각이 많아집니다. 성격상 대충, 적당히 일하지 못하는 성격이라 팀장이 되면 얼마나 힘들게 일할지 벌써부터 걱정이 될 정도예요. 원래도 초과 근무는 당연하고 퇴근 후에도 머릿속엔 일 생각이 떠나질 않아요. 당장 급한 일이 아니어도 나중에 꼭 필요할 일을 챙겨서 하느라 시간을 쏟기도 하고 동료가 힘들어 보이면 제가 먼저 도와주겠다고 말합니다. 지금까지 그렇게 일한 덕분에 동기들보다 빨리 승진한 것도 같지만 요즘 들어 삶이 공허하고 재미 없다는 생각이 많이 듭니다.

사실 동료나 후배들이 일하는 걸 보면 답답합니다. 그래서 그냥 제가 해버리는 경우가 많았어요. 하지만 팀장이 되면 그러면 안 되겠죠? 저도 적당히 일하면서 퇴근 후에는 제 삶을 즐기며 살아야 할 것 같은데, 남들은 다 쉽게 하는 그게 전 도저히 안 돼요. 편하게 사는 법이 궁금해요.

210

최근 여러 연구와 통계에 따르면, 많은 사람이 자신의 일에 과도하게 몰입하고 업무와 개인 생활의 경계를 모호하게 느끼는 현상이 증가하는 추세라고 합니다. 미국에서는 근로자의 절반이 스스로를 일중독자라고 보고하고 있으며, 영국에서도 53%가 과로를 느낀다고 응답했습니다. 영국 조사에 따르면 40%의 근로자는 퇴근 후에도 업무를 완전히 끊지 못하고 이메일을 확인하는 등의 행동을 보이며, 이는 밤늦게까지 이어지는 경우가 많습니다. 노르웨이에서는 약 8.3%의 직원이 일중독자로 분류되고 있습니다.

팬데믹 이후, 재택근무가 증가하면서 업무와 개인 생활의 경계가 더욱 흐려지고, 기술 발전으로 인한 '항상 연결된 상태'가 일중독 문제를 심화시키고 있습니다. 대한민국 역시 장시간 노동 관행과 문화로 유명하죠. 우리나라 취업자의 약 7%가 일중독자이며, 남성일수록, 엄격한 성별분업관념을 가지고 있을수록, 40대일수록, 별거·이혼·사별한 사람일수록,

주당근로시간이 60시간 이상일수록, 시간당 임금이 높을수록, 고용주 혹은 자영업자일수록 일중독자가 될 가능성이 높다고 합니다.

일중독이란 일이 곧 자아의 중심이며 일 이외의 다른 삶은 가치가 없다고 생각하는 상태를 말합니다. 단순히 오랜 시간 동안 일하는 것이 아니라, 일을 끊임없이 생각하고, 일하지 않을 때 불안감을 느끼며, 개인의 건강이나 대인관계, 삶의 균형에 부정적인 영향을 미칠 정도로 일을 중심으로 생활이 돌아가는 것을 의미합니다. 그런데 특히 우리나라는 장시간 업무를 성실성으로 평가하며 미화하고 개인보다 회사를 우선하는 직원은 좋은 인사고과를 받는 문화가 있습니다. 일중독으로 생길 수 있는 폐해는 간과하고 있죠.

특히 완벽주의 성향까지 가진 사람들은 자신의 업무나 성과에 매우 높은 기준을 설정하고, 그 기준을 충족하지 못했을 때 자신을 실패한 사람으로 간주하는 경향이 있는데요. 이들은 실수를 극도로 두려워하며, 모든 일을 완벽하게 수행하려는 압박감 때문에 시간이 더 걸리더라도 끝없이 일을 하려고 합니다. 이러한 강박적 완벽주의는 시간이 지남에 따라 일중독으로 이어지게 되죠. 왜냐하면 일을 더 많이 하고 더 오랫동안 몰두함으로써 자신이 세운 높은 기준에 도달하려 하거든요.

완벽주의자들은 "그만하면 충분하다. 잘했다." 하며 현재에 만족하지 못하고 항상 "더 잘할 수 있다."는 생각에 사로잡혀 있어서 끊임없이 일에 몰두합니다. 이로 인해 업무 시간이 길어지고, 일에서 벗어나는 것이 점점 어려워지는 일중독으로 빠지는 것이죠.

사연자님 또한 적당히 일하는 법이 없고 하루 24시간 내내 일 생각만 하고 있는 것으로 보아 일중독 증상이 나타나고 있는 것 같습니다. 그래도 객관적으로 자신의 상태를 돌아보고, 앞으로 팀장이 되면 일이 더 많아질 것이고, 그로 인해 자신이 힘들어질 것을 자각하고 해결책을 찾고 계셔서 너무나 다행입니다.

일중독자는 일에 대한 강박적 몰두, 업무 외 시간에도 일을 추구, 자기 관리 소홀, 높은 성취 욕구, 업무와 상관없는 활동에서의 불안감 등의 특징을 가지는데, 자신이 일중독에 해당하는지 간단히 자가 테스트를 해볼 수 있습니다.

일중독 자가 진단표

1	나는 일을 하지 않으면 불안하거나 스트레스를 느낀다.
2	머릿속에서 일이 항상 떠나지 않고 있다.
3	주말이나 휴가 중에도 일을 하거나, 일을 멈추기 어려울 때가 있다.
4	주변 사람들이 나에게 일을 너무 많이 한다고 지적한 적이 있다.
5	가족이나 친구와 함께 있는 시간에도 업무에 대한 생각이나 걱정이 든다.
6	일 외의 활동(운동, 취미 등)에 참여하는 것이 어렵고, 일이 더 중요하다고 느낀다.
7	내 건강이나 인간관계가 일 때문에 부정적인 영향을 받고 있다.
8	내가 더 많은 성과를 낼 수 있을까 고민하며, 끊임없이 더 많은 일을 하려고 한다.
9	느긋하게 쉬고 있으면 죄책감을 느낀다.
10	일과 관련된 생각이나 계획이 내 생활 전반을 지배하고 있다.
11	늘 시간에 쫓기며 바쁘게 살고 있다.
12	나는 누군가를 기다려야 하거나 천천히 진행되어 오래 걸리는 걸 참지 못한다.

13	대부분의 일에서 남의 도움을 받기보다 혼자 해내려고 한다.
14	내가 감당할 수 있는 일을 넘어 지나치게 많은 일에 관여하는 경향이 있다.
15	나는 사람들이 나의 기준에 미치지 못하면 화가 난다.

결과 분석

9개 이상	일중독일 가능성이 높습니다. 스스로를 돌아보고, 균형 잡힌 생활을 위해 도움을 받을 필요가 있을 수 있습니다.
6~8개	일중독의 경향이 있을 수 있으며, 주기적인 휴식과 일과 삶의 균형을 유지하기 위한 노력이 필요합니다.
5개 이하	일중독의 가능성은 낮지만, 지나치게 일에 몰두하는 상황이 오지 않도록 주의할 필요가 있습니다.

팀장 승진을 앞두고 느끼는 책임감과 부담감은 누구에게나 찾아오지만, 특히 성실하고 완벽을 추구하는 성격을 가진 사람들에게는 그 무게가 더 크게 다가옵니다. 일을 잘하고 싶고, 더 잘해내고 싶은 마음이 강해질수록 공허함을 느끼니 자신을 지치게 만드는 굴레에서 벗어나고 싶으실 겁니다.

완벽주의와 일중독은 흔히 더 높은 성과를 내기 위해 자신을 계속해서 몰아붙이는 특성을 가지고 있지만, 그 이면에는 불안감이나 자기 평가에 대한 두려움이 자리할 수 있습니다. 완벽하지 않으면 인정받지 못할 것이라는 두려움 때문에 끝없이 일을 하고, 자신의 가치를 성과로만 평가하는 것이죠.

먼저 자신이 왜 이렇게 일에 몰두하고 있는지, 그 근본적인 이유를 탐구해보는 것이 필요합니다. 스스로가 삶의 주인공 자리를 타인의 인정과 평가에 내어줄 경우, 나를 위해 열심히 살고 있다고 착각하지만 정작 내가 아닌 누군가를 위한 희생만이 되기도 하고, 변화의 가능성이 충분함에도 내가 만든 감옥에 갇혀 어쩔 수 없다고 결론을 내려버리기도 합니다.

누가 봐도 훌륭한 학력과 경력을 가졌는데 남의 평가에 기대어 사는 분들을 상담실에서 참 자주 만납니다. 일중독과 완벽주의 성향으로 자신을 몰아치다가 번아웃 직전 상태에서야 상담실을 찾는 것이죠.

완벽주의자는 모든 일을 스스로 해결해야 한다고 생각하는데 그렇게 해야 완벽하다고 믿기 때문이기도 합니다. 다른 사람들이 일하는 수준이 자신의 완벽한 기준에 못 미치니 일을 맡기지를 못합니다. 그런데 팀을 이끌어야 하는 팀장이라면, 팀원들과 함께 일을 해야 하므로 신뢰와 위임이 필수입니다. 팀원들에게 자율성을 부여하지 않고 과도하게 통제하거나 혼자서 일을 처리하려고 하면, 팀원들이 문제 해결 능력을 키우고 학습하며 성장할 기회를 박탈하게 됩니다. 자신이 팀에 기여할 수 없다는 생각에 팀장의 리더십에도 의문을 품게 되고, 팀원을 신뢰하지 않는 팀장을 따르려고 하지 않게 되겠죠. 위임하기 적절한 업무를 구분하여 적임자에게 배분하는 것도 팀장이 갖춰야 할 기술입니다. 이렇게 일을 나누는 것만으로도 어깨가 조금은 가벼워질 겁니다.

남들처럼 적당히 일하며 편하게 살고 싶다는 말은 완벽주의자 성향임을 방증하는 말인데요. 사연자님이 보기에 적당히 일하는 것처럼 보이는 사람도 사실은 그들 나름의 방식으로 일을 조절하고 있을 뿐, 그들이 완전히 무책임하게 일하고 있는 것은 아닙니다. 그들은 일에 대한 효율적인 접근과 경계 설정을 통해 일과 삶의 균형을 맞추고 있는 것일 수도 있습니다.

업무 시간과 개인 시간을 명확히 구분하고 시간 관리의 경계를 명확히 설정하는 것은 매우 효율적이고 영리한 자기 관리 방법입니다. 일 외에도 의미 있는 활동을 찾아보고 개인적인 성취를 느껴보세요. 처음엔 쉽지 않겠지만 여러 취미 생활을 시도해보고 가족이나 친구와 시간을 보내면서 자신이 좋아하는 것을 탐색해보면 좋겠습니다.

편하게 산다는 것은 효율적으로 일하고 자신에게도 휴식과 회복의 시간을 주는 데서 시작됩니다. 작은 변화부터 시작하세요. 모든 것을 완벽하게 하지 않아도 괜찮다는 마음가짐을 가지면서, 조금씩 자신만의 시간을 회복하는 연습을 하시면 좋을 것 같습니다.

팀원에게 일 시키는 게
어려워요

　저는 다른 사람들에 비해 경력이 많지는 않은데, 최근에 이직하면서 운 좋게 팀장 자리로 가게 되었습니다. 이전 직장에서는 일을 시키는 위치도 아니었기에 팀원 관리는 해본 적이 없는데, 팀장이 되면서 사람도 관리하고 일도 시켜야 하는 입장이 되니 참 어렵네요. 어떻게 일을 분배하고 업무를 지시할지 모르겠어요. 때론 팀원이 일 처리하는 걸 보면 차라리 제가 해버리는 게 속이 편하기도 합니다. 그런데 제가 해야 할 일도 많아지고 계속 이렇게 해서는 안 될 것 같아요. 어떻게 해야 할까요?

신입 사원이 새로운 환경에 적응하며 어려움을 겪는 것처럼 처음 팀장이 되어서도 새로운 직급과 책임, 처음 해보는 업무나 역할 때문에 고민하게 되는 건 어찌 보면 당연한 과정이라고 생각합니다. 팀장이라는 자리 역시 또 다른 적응과 성장을 요구하기 때문이죠. 팀장의 리더십은 어느 날 갑자기 생기는 것이 아닌 절대적인 시간과 경험을 필요로 하는 성장의 과정이기 때문에 그 고민은 현재진행형일 수밖에 없어요.

그런데 가끔은 팀장 정도 위치가 되면 다양한 직장 생활과 업무 경험을 통해 모든 것을 알고 있고, 해결할 수 있어야 한다는 말도 안 되는 이상적인 기준으로 설정함으로써 본인도, 주변도 힘들게 하는 경우를 보게 됩니다. 팀장이라면 실수 없이 모든 것을 잘 처리할 수 있어야 한다고 생각하고, 그에 부합하지 못하면 마치 인간이 덜된 것처럼 취급하는 임원이나 상사도 있습니다.

하지만 저는 업무, 관리, 관계의 경험이 다른 팀원에 비해 조금 더 많아서 팀장이 된 것이지 완벽하기 때문에 팀장이 되었다고 생각하지 않습니다. 팀원이든 팀장이든 누구나 각자의 위치에서 성장하는 중이고 그렇기에 완벽할 수는 없어요. 우리는 완벽하게 프로그래밍된 기계가 아니라 많은 상황과 실수를 통해 하나하나 배워가는 사람이기 때문입니다.

사연에서처럼 내가 해야 할 업무 외에도 일을 잘 분배하고 관리하는 것, 내 기준에는 부족하다고 느껴져도 수용하고 성장을 도와주는 것, 업무 방식과 결과물의 수준을 함께 일하는 동료들과 맞춰나가는 것 등은 리더로서의 성장을 위해 꼭 필요한 역량일 거예요. 물론 아직은 말씀하신 것처럼 직장 생활이나 리더로서의 경험이 부족하다 보니 새로운 위치와 역할에 대한 불안감이 생길 수밖에 없을 것 같아요. 그런데 이러한 불안감과 불편함은 부정적으로 해석될 수도 있지만 성장을 위한 동기를 만들어줄 좋은 감정으로 해석할 수도 있습니다.

이미 여러 번 언급하고 강조했지만 '어떻게 해야 할지'에 대한 불안감은 변화와 성장을 위한 중요한 기반이 된다는 사실을 기억하기를 바랍니다. 그러니 사연 속 고민들은 미지의 세계로의 여행을 준비하는 사람처럼 이제 막 팀장이 되어 새로운 책임과 업무가 생긴 사람의 불안과 두려움에서 나온 자연스러운 고민인 거예요. 경력이 많지 않다고 했으니 아직은 리더로서 자신에 대한 신뢰감과 확신이 부족해서 더욱 불안할 수 있을 겁니다. 하지만 누구나 처음 팀장이 된다면 여러 고민들을 하게 됩니다. 경력이 적어서, 운 좋게 팀장이 되어서 생긴 고민들이 아닌 거죠.

걱정스러운 것이 있다면 이직이라는 급격한 변화의 시기에 다양한 성장의 이슈가 한꺼번에 몰린다는 거예요. 이직을 하게 되면 개인의 업무 역량을 빠른 시간 내에 증명하고 싶은 강한 욕구가 생기잖아요. 그러다 보니 일에 집중하기도 벅찬데, 전혀 다른 조직과 환경에서 그것도 처음으로 리더의 역할까지 수행해야 하니 에너지의 소진이 많아지니까요. 그렇다면 어떻게 해야 새로운 직장에서 안정적으로 적응하는 동시에 팀장으로서도 성장하여 두 마리 토끼를 잡을 수 있을지 이야기해보겠습니다.

팀장이 된 초기에 경험하게 되는 심리적 어려움은 자신에 대한 의심과 불안, 감정적 부담, 역할 변화에 대한 대처, 인정과 성공에 대한 압박으로 요약할 수 있을 것 같아요. 새로운 역할에 대한 자신감 부족이 자신에 대한 불신으로 나타나고 불신은 불안감을 상승시키죠. 더불어 새로운 팀원들과의 관계, 업무 결정에 대한 막중한 책임, 회사의 요구와 기대에 부응해야 한다는 생각 때문에 과도한 심리적 압박을 느낍니다. 팀원을 잘 이끌고 업무를 관리하기 위한 방법까지 생각하게 되면 스트레스가 더 쌓입니다. 여기에 하나 더, 팀장이라는 위치에서 더 높은 수준의 성과를 내고 인정받아야 한다는 생각도 부담으로 다가오게 됩니다.

이 시기를 잘 통과하기 위해서는 우선 자신에 대한 인식을 강화하는 것이 중요합니다. 과거의 성공과 성장의 경험을 잘 끌어와야 하며, 누군가의 피드백을 수용하고 성장의 동기로 활용해야 하지만 내 존재에 관한 판단이 아니라는 인식을 확고하게 만들어야 하죠. 무엇보다 중요한 것은 나의 가능성을 믿고 의지하는 것입니다. 그러기 위해서는 긍정심리학Positive Psychology에서 이야기하는 자기 효능감, 긍정 감정, 흥미와 창의성, 정서적 지지를 통한 긍정적 관계 그리고 일과 삶에 대한 정확한 의미와 목적을 가지고 있어야 합니다.

더불어 목표와 우선순위에 대한 정확한 기준을 가지고 있어야 합니다. 사연에서처럼 새로운 직장, 새로운 직급에 따른 조직과 관계의 적응, 역할, 책임, 의무 등 많은 일과 삶의 과제를 감당해야 할 상황이라면 더더욱 목표에 따른 전략과 수행해야 할 과제의 우선순위가 중요할 수밖에 없다고 생각합니다. 여기서 내가 잘할 수 있고 해야 하는 것과, 나누고 관리하는 것에 대한 구분이 명확해야 합니다. 누군가에게 일을 분배하고 결과물을 관리하는 것은 팀장의 역량을 평가 받기 위한 중요한 요인이 되기 때문입니다.

그래서 일을 시키는 것은 더 이상 부탁이 아닌 지시가 되어야 합니다. 공과 사가 철저하게 구분되어야 부담감에서 조금은 자유로워질 수 있습니다. 이렇게 업무가 안정적으로 분담되고 관리되어야 나의 업무 외에 팀원의 업무까지 처리하면서 바쁘고 힘들어질지도 모른다는 불안감에서 벗어날 수 있겠죠. 그런데 여기서 꼭 기억하셔야 할 것이 이러한 과정은 생각보다 오래 걸릴 수도 있다는 것입니다. 팀장으로서 각 팀원들의 업무 수준을 파악하고, 팀장과 팀원들 간의 신뢰와 상호 이해가 형성되어야 하기 때문이죠.

상호 이해의 과정은 환경, 인지, 행동, 행동에 따른 결과 등 복잡한 작용과 반작용의 원리로 이루어집니다. 이러한 과정을 이해하기 위해서는 사회심리학자인 알버트 반두라Abert Bandura의 사회학습이론Social Learning Theory을 조금은 언급해야겠네요. 새롭게 팀장으로서 역할을 수행하기 위해 나와 팀원의 상호 이해의 과정을 인식하고 있다면 도움이 될 수 있으니까요. 반두라는 인간이 사회적인 상호작용을 통해 행동을 학습함으로써 성장한다고 했습니다. 여기에는 관찰과 모방을 통한 학습(모델링), 행동의 결과가 긍정적일 때 행동의 증가(강화), 행동의 인지적 처리를 통한 학습과 새로운 행동의 개발(인지적 중개) 등을 담고 있습니다.

이렇게 팀장으로 새로운 역할에 적응하고 역량을 키우는

과정에서 팀장과 팀원 사이에 상호작용이 이루어지게 됩니다. 이 과정이 있어야만 앞에서 살펴본 신뢰, 이해, 개인차의 수용 등을 통해 안정된 조직 안에서 업무를 나누고 관계를 쌓으며 적응할 수 있겠죠. 그러니 절대 급하게 생각하지 않기를 바랍니다. 성장은 어느 날 갑자기 이루어지는 것이 아니며 절대적인 시간과 에너지를 필요로 하기 때문이죠. 팀장이 되면 누구나 경험할 수밖에 없는 과정이지만 되도록 단단한 리더의 역량을 확보하기 위해 심리적 상호작용에 대한 이해와 적용이 있었으면 합니다.

그렇게 때문에 리더십을 안정적으로 구축하고 더욱 성장하기 위해서는 회사 차원의 끊임없는 지원이 필요합니다. 여기에는 의사소통이나 문제 해결 능력의 강화, 목적과 비전 설정, 자기 계발과 지속적인 학습, 팀원의 성장과 발전 지원, 대인관계 관리 등이 포함되겠죠. 결국 팀장과 임원이 리더로서 자기 신뢰와 효용성을 확보할 수 있도록 회사가 적극적으로 도와야 합니다.

그런데 문제는 학습된 리더십 스킬을 충분히 경험하고 활용할 수 있는 여유와 제대로 된 피드백을 받고 있는가 하는 것입니다. 리더십 스킬은 단지 교육만으로 해결될 부분이 아니기에 직접 실천함으로써 스스로를 신뢰할 수 있도록 그만큼의 시간적·물리적 여유를 확보해야 합니다. 그러기 위해서는 업무 효율과 생산성만을 확인하는 것이 아닌 리더 자신과 팀원의 성장과 발전을 이끌 수 있는 평가와 피드백이 절실히 필요합니다.

팀원들 사이 중재자 역할은
어떻게 해야 하나요?

최근 팀원 중 한 명이 다른 팀원과의 관계 때문에 회사 생활이 너무 힘들다고 울면서 면담을 한 일이 있었습니다. 면담한 팀원은 다른 팀원보다는 직급이 낮아요. 팀 안에서 일어난 갈등이라 제가 해결해야 할 것 같은데 어떤 식으로 정리를 해야 할지 잘 모르겠네요. 제가 직접 끼어들어 이야기하면 어느 한쪽의 편을 드는 것처럼 보일 것 같기도 하고, 조심스럽게 비밀로 한 이야기를 공개하는 것 같아 불편한 마음도 들어요. 하지만 제가 팀장이니 팀의 전체적인 분위기도 생각해야 하고, 팀원이 울면서 말을 하니 그냥 넘어갈 수는 없을 것 같습니다. 어떤 식으로 문제를 해결하는 게 좋을까요? 팀 내 공식적인 문제로 드러내고 함께 해결하는 건 괜찮은 건가요? 팀장이 되니 일 외에도 신경 쓸 부분이 정말 많아지는 것 같습니다. 도와주세요!

"팀장님, 혹시 시간 괜찮으시면 잠깐 이야기 나눌 수 있을까요? 드릴 말씀이 있어서….."

팀장으로 일하는 많은 사람이 이런 말을 들을 때마다 심장이 철렁 내려앉는다고 합니다. 면담 요청은 대개 심각한 문제가 발생했을 때 이루어지기 마련이니까요. 팀원이 눈물을 보이며 팀장에게 면담을 신청할 정도라면 팀원끼리 해결할 수 있는 수준은 이미 넘어선 것으로 보입니다. 개인 차원에서 문제의 원인을 찾고 그것을 해결하기 위해 다양한 노력을 해보았을 텐데, 그 노력이 좌절되고 더 이상 해볼 것이 없다고 판단되었을 때 마지막으로 의지할 대상인 팀장을 찾았을 겁니다.

이미 곪을 대로 곪아버린 상황이 되어 문제 해결의 주도권을 팀장에게 넘긴 것이죠. 문제를 해결할 수 있는 골든 타임이 이미 지났고, 꼬일 대로 꼬인 갈등의 해결을 위해 팀장이 구원투수로 나서게 된 상황인 겁니다. 어쨌든 한 팀원이 다른 팀원과의 관계 갈등을 팀장에게 전달했다는 것은 이제 더 이상 팀원 개인의 문제 아닌 조직의 문제가 되었다는 것을 의미합니다. 팀원이 팀장에게 단순히 상황을 알리는 수준을 넘어서 어떤 방식이건 문제의 해결을 요청했다면 이제부터는 팀 내 공식적인 문제이며 팀장의 책임이 된 것이죠.

두 주체를 대상으로 중재자의 역할을 하는 것이 결코 쉬운 일은 아닙니다. 그럼에도 팀장으로서 주어진 역할을 어떻게 하면 잘 해낼 수 있을까요? 우선 비밀과 공개에 대한 이야기를 먼저 해볼까 해요. 심리상담을 할 때도 문제를 공개해야 할 상황이 되면 우선 내담자에게 동의를 받습니다.

특별히 직장인을 대상으로 하는 기업 상담의 경우 언어폭력, 성희롱, 차별, 조직 문제 등 특별한 상황의 경우 문제 해결을 위해 관련된 사람과의 소통이 필요한 경우가 있어요. 이렇게 상담의 내용을 누군가에게 공개해야 하는 상황이라면 무엇보다 내담자의 의지와 공식적인 동의가 반드시 필요합니다. 그러니 이 상황에 대해 공개적으로 얘기해도 될지를 혼자 고민하기보다는 팀원에게 의사를 묻는 과정이 먼저라는 생각이 듭니다. 팀원이 동의한다면 문제 해결을 위해 공식적으로 무언가 해볼 수 있을 겁니다.

앞에서도 언급했듯이 팀장에게 관계 갈등으로 인한 어려움을 호소했다면 관리자 차원의 해결을 요청한 것으로 판단할 수 있지 않을까요? 물론 갈등 상황이 공개된다는 것은 문제의 근원인 두 팀원과 팀장 모두에게 편안한 상황은 아닐 겁니다.

그럼 이제부터 본격적으로 중재자의 역할에 대해 이야기해 볼까요? 팀원 간의 갈등을 다룰 때 저는 심리학자 쿠르트 레빈Kurt Lewin의 장 이론Field Theory을 많이 인용합니다. 문제의 원인과 해결 전략을 찾는 데 많은 도움을 주기 때문입니다. 레빈의 이론에 따르면 중재자는 갈등의 유형을 식별하고, 근본적인 원인을 찾으며, 원-원, 타협, 협상, 조정 등의 과정을 통해 문제를 규정하고 해결책을 마련하게 됩니다.

이때 중재자가 확인해야 할 부분은 갈등의 유형을 파악하고 현재 갈등이 발생, 격화, 진화, 해결 중 어느 과정에 있는지 알아내는 것입니다. 갈등의 원인과 유형을 분석하기 위해서는 다양한 정보를 수집할 수 있어야 하고, 이를 위해서는 갈등의 주체인 팀원들의 이야기를 객관적으로 들을 수 있어야 합니다. 이때 필요한 기술은 경청입니다. 팀원의 말을 이해하고 공감하며 해결을 위해 적극적으로 노력하겠다는 의지를 보여주는 태도죠. 상대의 눈을 바라보고 자세를 개방하며, 이해했다는 동작을 취하고, 때로는 상대의 이야기를 이해한 범위 내에서 다시 정리해서 말하는 겁니다.

또 다른 기술은 명확하고 개방적인 대화 방식입니다. 대화의 목적이 명확해야 대화의 방향과 방법을 선택할 수 있겠죠. 공감할 것인지 정보를 수집할 것인지 그 목적에 따라 대화를 이끌어가는 방식은 차이가 있을 수 있습니다. 예를 들어 끝이 흐려지는 대화는 모호한 상황을 만들 수 있어 서로에게 불편한 마음을 갖게 합니다. 또한 다음 주제로 넘어가야 하지 못하고 상황을 애매하게 만들 수 있죠. 대화 방식에 있어서도 공감이 목적인 대화라면 상대의 이야기를 되도록 끊지 않고 듣는 것이 좋지만, 정보 수집이 목적인 대화라면 질문을 많이 하는 것, 특히 '예'나 '아니오' 같은 단답형 답변을 요구하는 폐쇄형 질문Closed-ended Question보다는 다양한 정보를 수집할 수 있는 개방형 질문Open-ended Question을 많이 하는 것이 좋습니다.

레빈은 갈등을 일종의 '역동적인 장Field'으로 보고, 각 개인이나 집단 간의 힘의 상호작용을 통해 발생한다고 설명합니다. 중재자는 이 과정에서 갈등의 양측이 상호작용을 통해 문제를 명확히 인식하고, 변화의 과정을 도울 수 있습니다. 중재자의 역할에서 갈등 당사자들이 스스로 문제를 이해하고 해결책을 모색할 수 있도록 유도하는 개방형 질문은 매우 효과적입니다. 예를 들어보겠습니다.

1. "이 상황에서 서로 다른 관점이나 이해관계는 무엇이라고 생각하십니까?"

이 질문은 갈등의 근본 원인을 이해하는 데 도움이 되며, 양측이 자신의 관점뿐만 아니라 상대방의 관점도 인식하도록 유도합니다.

2. "당신은 이 갈등을 통해 어떤 변화나 해결을 기대하고 계신가요?"

이 질문은 각자의 기대와 목표를 명확히 하여, 구체적인 해결책을 찾는 데 도움이 됩니다. 또한 양측이 원하는 것이 무엇인지 더 깊이 생각하게 합니다.

3. "상대방이 무엇을 느끼고 있을지 혹은 그들이 어떻게 이 상황을 해석하고 있다고 보시나요?"

상대방의 감정과 생각에 대한 공감을 촉진하는 질문으로, 이를 통해 갈등 당사자가 상대방의 입장을 이해하고 감정적 긴장을 완화할 수 있도록 돕습니다.

4. "지금 이 문제를 해결하기 위해 어떤 방법이 가장 효과적일 거라고 생각하십니까?"

이 질문은 갈등 당사자가 스스로 해결책을 모색할 수 있게 돕는 질문으로, 문제 해결에 대한 책임감을 양측이 공유하도록 합니다.

5. "현재 상황을 개선하기 위해 당신이 먼저 할 수 있는 작은 변화는 무엇일까요?"
갈등 상황에서 양측이 주도적으로 실천할 수 있는 구체적 행동을 찾게 하는 질문으로, 갈등 해결의 첫 단계를 시작할 수 있도록 유도합니다.

대화를 통해 두 팀원의 정보가 확인되었다면 남아 있는 다른 팀원과의 대화에서 분위기와 갈등의 범위를 확인해야 합니다. 갈등은 당사자들의 문제만으로 끝나지 않고 대부분의 경우 팀원 전체에게 영향을 끼칠 가능성이 높기 때문입니다. 그저 가장 약한 곳에서 갈등이 표출되었겠죠. 이러한 과정을 통해 정보를 수집하고 분석했다면 이제 문제의 형태와 원인 등은 정리되었을 겁니다.

대화를 하면서 중재자인 팀장에게는 몇 가지 원칙이 있어야 합니다. 우선 중재자는 양측의 이해를 기반으로 상호 합의점을 찾는 과정을 통해 문제를 해결하는 역할을 합니다. 중재자에게 있어 가장 중요한 요인은 앞에서 언급한 것처럼 이해와 공감입니다. 중재자의 역할을 하는 사람에게 이러한 인식이 없다면 대화의 과정에서 그런 모습이 드러나게 되고, 팀원은 팀장(중재자)과의 면담을 잘못을 찾고 책망하는 자리로 인식해 자기방어적 태도를 취하게 됩니다. 그렇게 된다면 객관적인 정보 수집이 어려워지겠죠.

더불어 중재자에게는 인내와 이해, 중립과 공정, 존중과 배려, 융통성과 탄력성과 같은 자질이 필요합니다. 갈등의 해결을 위해서는 종종 많은 시간과 노력이 들고, 때로는 그 과정에서 또 다른 갈등을 생길 수 있기 때문에 그만큼 인내와 이해가 필요합니다. 어느 한 사람의 편을 드는 것 같은 느낌은 아마도 중립과 공정의 영역에 대한 문제일 것 같습니다. 그런 생각이 들었다면 팀장으로서의 중립과 공정이라는 기준을 확고하게 정립해야 합니다.

누군가가 명백한 잘못을 저지르지 않아도 갈등은 얼마든지 일어날 수 있습니다. 그렇기에 누가 옳고 그르다는 식으로 접근해서는 안 됩니다. 어떤 상황에서든지 모든 주체를 존중하고 배려할 수 있어야 합니다. 또한 갈등을 해결하는 과정은 예상하는 것처럼 흘러가지 않을 가능성이 높습니다. 그렇기에 융통성과 탄력성이라는 기반 아래 다양한 경우의 수를 받아들일 수 있어야 합니다.

상담전문가의 경우에도 내담자와의 상호작용 과정에서 무의식적으로 자신이 형성한 가치, 경험, 사고 체계와 감정, 생각, 욕구 등을 내담자에게 전달하는 경우가 있습니다. 이러한 투사Projection의 과정에서 편견과 오류가 발생하여 상담에 부정적인 영향을 미치게 되죠. 중재자의 중재 과정 역시 객관성을 잃게 되는 투사가 나타날 가능성이 있어요. 누군가의 이야기를 듣다 보면 어느 순간 자신이 형성한 삶의 경험과 기준에 따라 상황을 판단하고 이해하기 쉽습니다. 하지만 투사는 대화의 과정에서 의도하지 않게 상대를 방어하게 만드는 요인이 되기 때문에 중재자는 객관적으로 이야기를 들으며 자기통제를 할 수 있어야 합니다.

사연 속 갈등 상황의 정확한 유형과 원인은 알 수가 없어서 문제 해결을 위한 실천에 대해 구체적으로 다룰 수는 없지만, 결론적으로 문제 해결 과정에서는 팀장이 아닌 갈등 관계에 있는 두 팀원이 실천의 주인공이 되어야 합니다. 즉 중재의 과정에서 제삼자의 객관적인 조력은 필요하지만 갈등의 당사자들이 문제의 해결 과정에서도 주체가 되어야 한다는 것이죠.

팀장으로서 중재자의 역할을 맡는 것은 정말 어려운 일입니다. 특히 팀원들 간의 갈등이나 감정적 문제가 발생했을 때, 이를 적절하게 해결하면서도 공정성을 유지하는 일은 누구에게나 어렵습니다. 한쪽의 편을 드는 것처럼 보이지 않으면서도, 문제를 명확하게 파악하고 팀 전체의 분위기를 고려해야 하니, 마음의 갈등도 많으셨을 것입니다. 감정적 지지를 해주고 싶은데, 동시에 리더로서의 책임감을 다하기 위해 균형 잡힌 태도를 유지해야 하는 것이 참으로 힘든 일이지요.

하지만 이 어려운 상황에서 사연자님이 팀의 전체적인 안정과 발전을 위해 고민하고 노력하고 있다는 점이 무엇보다 중요합니다. 팀원들에게 공정하게 다가가려는 그 마음과, 문제를 그냥 넘기지 않고 해결하고자 하는 책임감이 강하다는 것이니까요. 사연자님의 노력과 진심이 팀원들에게 큰 힘이 될 것입니다. 지금의 어려움이 결국 더 나은 팀워크와 팀의 성장으로 이어질 수 있도록 힘내시길 바랍니다.

아무리 피드백해도
입력이 안 되는 팀원

저는 팀장이라 회의 내용이나 각종 전달 사항을 사내 단톡방을 통해 팀원들에게 전달하고 있습니다. 그런데 몇 번을 이야기하고 단톡방으로 확인을 해도 내용을 이해하지 못하는 팀원이 있어요. 유독 한 팀원만 이해를 못하니 너무 답답합니다. 한두 번도 아니고 매번 다시 확인시켜주는데도 당일이 되면 "아… 그게 오늘이었나요?" 같은 말만 합니다. 이번 주에도 중요한 회의가 있었는데 전혀 준비가 안 되어 있는 모습에 화가 났습니다. 얼마 전에는 협업하는 다른 팀의 팀장이 저에게 와서 "그 팀원은 왜 메신저를 안 읽어요?"라고 하며 답답해하더라고요. 제가 창피했습니다. 어떻게 교육을 시켜야 할지 막막하기만 합니다.

자신이 생각하는 직장인의 기준을 가지고 타인을 평가하게 되면 답답하고 짜증이 날 때가 많을 수밖에 없는 것 같습니다. 내 생각과 기준을 이해하고 따라올 만한 비슷한 사람이 생각보다 많지 않기 때문이죠. 팀장으로 직장 생활을 하다 보면 때로는 기준에 못 미쳐도 너무 못 미쳐 정말 너무하다 싶은 정도의 팀원을 보게 됩니다. 보통은 그래도 어느 정도 이해할 수 있는 범위에 있어 늘 아쉽고 부족한 듯하지만 참고 넘어갈 수 있었겠죠. 하지만 이건 전혀 다른 차원으로, 노력을 해서 변화를 만들 수 있는 영역이 아니라고 판단이 되니 걱정도 되고 화도 나셨을 거예요.

다른 팀원은 회의 내용이나 일정 등을 다 이해하고 문제가 없는데 단 한 사람이 이해를 못 한다면 분명 내 문제가 아니라 그 사람의 문제가 맞을 거예요. 그렇다면 그 팀원은 어떤 문제를 가지고 있는 걸까요? 몇 가지 추정을 해보자면 시간 관리, 조직 적응 능력, 스트레스로 인한 소진, 일에 대한 동기

부족 등을 생각해볼 수 있을 것 같아요. 뻔한 답이기는 하지만 이런 문제로 인해 직장 생활과 업무에 문제가 있는 분들이 많이 있어요. 의외로 자신만의 효율적인 일정 관리 방법을 찾지 못하는 경우가 많습니다. 안타깝지만 한 번도 일정을 정리하고 관리하는 방법을 제대로 배우거나 찾지 못했기 때문이죠. "아니, 직장인이 그 정도 경력이 있으면 알아서 해야 하는 거 아니야?"라고 할 수도 있겠지만 모두가 똑같지는 않으니까요. 때로는 일정 관리를 잘하던 사람이라도 혼자서 처리하기 벅찬 업무들이 정신없이 밀려오다 보면 실수가 지속적으로 반복되는 경우도 있을 거예요.

업무 및 스케줄 관리 차원의 문제가 아니라면 일을 의도적으로 미루거나 피하는 회피 행동Procrastination으로 설명할 수 있을 것 같아요. 회피 행동은 다양한 스트레스, 관계에서의 갈등, 부적응, 동기 부족, 복잡한 개인사, 육체적·심리적 피로 등으로 인해 에너지가 고갈되면서 나타나는 반응입니다. 회피 행동은 활동적 회피, 수동적 회피, 그리고 완벽주의로 구분이 가능합니다. 각각의 회피 유형에 대해 간단히 설명하겠습니다.

1. 활동적 회피 Active Procrastination

의도적으로 일을 미루면서도 결국에는 기한 내에 일을 마무리하는 유형입니다. 이 유형의 사람들은 일정을 미루긴 하지만, 스스로 긴박감을 조성해 압박 속에서 더 효율적으로 일한다는 믿음을 가지고 있습니다. 즉, 일을 미루는 동안에는 다른 일에 적극적으로 참여하거나 준비를 하지만, 중요한 일을 정작 미루는 특성이 있습니다. 활동적 회피는 때로는 긍정적인 결과를 내기도 하지만, 장기적으로는 스트레스가 쌓이고 생산성이 떨어질 위험이 있습니다.

2. 수동적 회피 Passive Procrastination

수동적 회피는 업무를 피하면서도 아무런 대체 활동을 하지 않는 유형입니다. 이 유형의 사람들은 해야 할 일을 미루면서도 압박감을 느끼거나 불안감을 경험하지만, 스스로 그 압박에 대한 대처를 하지 않습니다. 그 결과, 일을 미루기만 하고 기한이 지나도 일을 제대로 마무리하지 못하는 경우가 많습니다. 수동적 회피는 의욕 부족이나 심리적 부담에서 비롯되며, 특히 불안, 우울, 무기력 같은 감정 상태와 연결되는 경우가 많습니다.

3. 완벽주의적 회피 Procrastination Due to Perfectionism

완벽주의적 회피는 완벽하지 않으면 일을 시작할 수 없거나 마무리하기 어려운 상태입니다. 이 유형의 사람들은 자신이 기대하는 완벽한 결과를 내기 어려울 것이라는 두려움 때문에, 아예 일을 시작하지 않거나 계속해서 미루는 경향이 있습니다. 완벽에 대한 강박이 일을 지연시키는 주된 이유가 되며, 결과적으로 아무것도 이루지 못하거나 일의 질이 떨어질 수 있습니다. 완벽주의적 회피는 일을 시작하기 전의 부담감, 실패에 대한 두려움, 또는 비판받을 것에 대한 걱정에서 비롯됩니다.

어느 정도 조직 생활이 가능한 수준이라면 활동적 회피라고 볼 수 있습니다. 활동적 회피를 하는 사람도 어느 정도 업무는 가능한 수준이긴 하지만 일의 우선순위를 정하고, 사람들과 소통하고, 업무를 처리하는 등의 영역에서 결국 문제가 생기게 됩니다.

문제의 근원에 대해 하나 더 확인할 부분이 있습니다. 혹시나 그 팀원이 오랜 시간 자리에 앉아 있거나 집중하기 힘들어하고 산만하며, 보고 및 업무 진행에 있어 디테일이 현저히 떨어지고, 부주의해서 실수가 잦고, 대화 중 누군가의 말이 끝나기도 전에 성급하게 답을 하거나 차례를 기다리지 못하고, 다른 팀원의 대화나 활동을 방해하거나 간섭하는 등의 행동을 보이지는 않나요?

만약 그 팀원이 언급한 특징에 해당되는 것 같다면 아마도 주의력결핍장애ADHD, Attention Defictit Hyperatctivity Disorder가 문제의 원인일 수도 있습니다. 사실 ADHD는 유병률이 상당히 높은 정신 병리이며 성인의 ADHD 진단율이 지속적으로 상승하고 있는 추세입니다.

하지만 ADHD 진단을 받았다고 해서 모든 경우가 사회생활이 어려운 수준이라고 할 수는 없어요. 약한 ADHD의 경우 기능성이 높아 창의적인 생각과 혁신적인 접근을 통해 새로운 아이디어와 문제 해결의 방향을 제시할 수 있습니다. 또한 에너지 수준이 높아 조직에 활력을 불어넣고 열정적인 몰입을 통해 뛰어난 성과를 올리며 빠르게 생각하고 결정을 내리는 신속성과 예상치 못한 상황에 유연하게 대처하는 위기관리 능력도 가지고 있습니다.

그럼에도 집중력의 유지가 어려워 업무를 잘 마무리하지 못할 수 있고, 협업을 할 때 문제가 발생할 수 있으며, 작은 자극에도 쉽게 반응하기 때문에 산만해서 주변 환경에 영향을 줄 수 있죠. 또한 계획과 효율적 시간 관리를 어려워하기 때문에 일정을 챙기거나 마감 기한을 맞추지 못할 수 있고, 세부 사항을 놓치기 때문에 잦은 실수가 생깁니다. 이러한 주의력 결핍과 함께 과잉 행동도 보인다면 내적인 초조함으로 인해 가만히 있지를 못하는 경우가 많고, 때로는 과도하게 말이 많아 타인의 이야기를 중단시키기도 합니다. 특히나 참을성이 부족하여 쉽게 짜증을 내며 충동적인 결정이나 행동을 보이기도 합니다.

ADHD의 모든 부분을 다 언급하지 않았지만 내담자들을 직접 상담하며 경험했던 몇 가지의 대표적인 사연을 다루었습니다. 살펴본 것처럼 팀장의 입장에서 노력해서 변화시킬 수 있는 영역이 있기도 하지만 그렇지 않은 영역도 분명 존재합니다. 특별히 원인이 정신건강의 차원이라면 더더욱 팀장의 입장에서는 아무리 노력해도 결과에 만족할 수 없겠죠. 그렇기에 문제의 원인을 정확하게 이해하고, 해결을 위해 노력을 할 것인지 아닌지를 판단하셔야 합니다.

때로는 이건 아니라는 판단이 되셨다면 과감하게 포기할 수도 있어야 합니다. 즉 사용해야 할 에너지에 비해 결과의 만족도가 현저히 떨어진다고 판단된다면 과감하게 포기할 수 있어야 하고, 이에 따른 피드백을 수용할 수 있는 용기가 있어야 합니다.

　우리는 눈에 보이는 표면적인 것만을 가지고 너무나 쉽게 평가하거나 판단하는 경향이 있어요. 그렇기에 그 기준 안에서 문제의 원인과 해결의 실마리를 찾으려 노력합니다. 우리가 경험하고 이해하고 인식할 수 있는 수준에서 말이죠. 그러다 보니 아무리 무언가를 이해하고 해결하기 위해 노력했음에도 기대했던 결과를 얻지 못할 경우가 있을 수밖에 없죠. 문제 원인을 가시적으로 보이는 표면적이고 단편적인 것으로 인식함으로써 근간을 찾지 못했기 때문입니다.

　직장 생활에서 경험하게 되는 대부분의 문제 역시 우리가 확인하지 못한 다양한 근간을 가지고 있어요. 그렇기에 나와 타인, 개인과 조직, 일과 삶의 측면에서 한 번 더 문제를 분석하고 정리하는 시간을 가져야 합니다. 근간이 이해가 되었다면 아무리 노력해도 바뀔 수 없다는 것에 대한 포기, 때로는 내가 아닌 전문가의 도움이 필요할 수도 있겠다는 것을 이해하게 되겠죠.

　그럼에도 팀의 구성원 모두를 이끌어야 하는 팀장의 위치라면 확인되는 현상만으로 모든 것을 판단하지 않으셨으면 합니다. 나타나는 현상에 집중하여 판단하고 평가하게 되면 문제만 두드러져 보이게 돼요. 그렇게 되면 부정 감정에 사로

잡혀 해결을 위한 핵심적 요인을 놓칠 수 있습니다. 왜 그러한 상황이 생길 수밖에 없었는지, 어떤 문제가 있는지, 조직 차원에서 도와줄 것은 없는지, 팀원이 심리적 어려움을 겪고 있지는 않는지, 혹시 병리적인 요인이라면 어떻게 도움을 줄 수 있는지 등 질문과 고민을 통해 문제를 개선하고 그에게 맞는 업무와 관리의 기반을 마련하는 것도 팀장의 책임과 리더십이라고 생각합니다.

책임감 때문에
이직을 포기해야 하나요?

저는 현재 회사에 들어온 지 4년이 되었고 팀장으로 승진한 뒤 1년 정도 지났습니다. 최근에 깊은 고심 끝에 이직을 결정하게 되었어요. 그런데 임원 여러 명이 모인 공식 석상에서 한 임원이 제게 책임감 없이 이직한다고 대놓고 화를 내며 무안을 주는 일이 있었습니다. 그럴 거면 왜 팀장을 하겠다고 했냐는 말까지 들었어요.

팀장이라도 직장인으로서의 미래를 고민할 수밖에 없는데 제가 책임감 때문에 일생의 중요한 기회를 포기해야 하는 건지 의문도 들고, 그렇게밖에 이야기를 못 하는 임원의 태도도 매우 아쉽습니다. 계속 이런 이야기를 들으니 제가 진짜 잘못한 건지 생각해보게 되는데 제가 잘못한 건가요?

어려운 진로 결정을 하느라 오랫동안 고민하는 시간을 보내셨을 것 같습니다. 깊은 고민을 끝내고 결정할 수 있었던 용기에 응원을 보냅니다. 이제는 내가 선택한 답이 최고의 답이 되기 위해 현재를 정리하고, 새로운 적응의 전략을 만들고, 진로의 방향과 목적지를 설정하며, 실천이라는 과정을 시작해야 합니다.

새로운 결정과 실천의 과정이 시작되면 대부분이 나의 업무 스타일, 역량, 능력 등을 잘 알고 있는 선배, 동료, 멘토에게 선택에 대한 긍정적 지지와 객관적인 피드백을 받고 싶어하잖아요. 이러한 과정을 통해 나를 다시금 돌아보기도, 내가 내린 결정에서 한 번 더 챙겨야 할 부분은 없는지 확인하기도 하죠. 그런데 새로운 진로를 위한 첫 과정인 현재를 정리하는 것부터 찜찜함이 남는 상황이라면 정말 속상할 것 같아요.

사실 누군가가 삶에서 중대한 결정을 내렸다고 하면 아무리 아쉬움과 섭섭함이 남아 있다고 하더라도 응원하고 지지하는 태도를 보여야 하는 게 정상이지 않을까 싶어요. 그런데 많은 사람이 너무나 쉽게 주관적인 관점에서 평가하고, 의견을 제시하며, 충고하곤 합니다. 참 안타까운 일이에요. 저는 개인적으로도, 전문가의 입장에서 상담할 때도 특별한 경우가 아니면 충고나 조언을 하지 않으려 노력합니다. 제가 누군가의 삶을 책임질 수 없고, 저의 충고가 정답일 수 없으며, 충고나 조언을 했다면 어떤 형태로든 도움을 줄 수 있어야 한다고 생각하기 때문이에요.

어쨌든 저격당했다는 생각으로 많이 속상하고 섭섭한 마음이 들겠지만 어찌 생각하면 당연할 수도 있는 반응이라고 보시는 것도 좋을 것 같아요. 어떤 배신감, 실망감, 섭섭함, 불편감의 표현일 수 있잖아요. 조직의 여러 사람 중에서 기대감을 가지고 팀장으로 발탁했는데, 1년 차 팀장으로 열심히 실적을 내줄 줄 알았는데, 갑자기 이직한다는 말을 듣는다면 황당할 수도 있겠죠. 또한 팀장급 인력이 갑자기 빠지면 새로운 팀장을 찾아야 하고, 그동안의 업무에도 공백이 생기고 인수인계도 필요하니 불편하고 귀찮은 일이 생겼다고 생각할 수도 있어요. 그러다 보니 그들이 가지고 있는 불편감, 불안감, 섭섭함, 배신감이 조금은 강하게 표현된 것일 수도 있습니다.

더불어 다분히 의도된 표현일 수도 있겠어요. 책임감이 없다는 표현을 통해 죄책감을 자극해서 이직하겠다는 결정을 철회하려고 유도하고, 강한 어조를 사용해서 남아 있는 직원들에게 책임감을 강조하려는 것으로 해석할 수도 있겠죠.

이미 본인의 결정이 확고하다면 이런저런 것들에 대해 너무 신경 쓰지 않아도 된다고 말해주고 싶어요. 현재 직장에서의 남은 업무들을 잘 마무리하고 인수인계에 최선을 다한다면 할 일을 충분히 하는 것 아닐까요?

지금 내게 꼭 필요한, 나만을 위한 선택을 했다면 모든 사람에게 인정받고 이해받을 수 있을 거란 생각은 포기해야겠죠. 모든 사람과 모든 상황을 고려하고 배려하는 선택이란 거의 불가능에 가깝기 때문입니다. 하나를 얻었다면 하나는 당연히 잃을 수 있어야 하겠죠. 무언가를 꼭 결정해야 한다고 판단하는 순간 우리는 잃을 것에 대한 두려움과 누군가의 평가를 예상하며 갈등을 키워나갑니다. 하지만 이러한 두려움과 평가를 견딜 수 없다면 이것저것 다 따지다가 결국은 내가 원하는 최선의 결정을 내릴 수 없게 되겠죠.

나 자신을 위해 선택한 결과는 누군가에게는 최선이 아닐 수도 있다는 것을 꼭 기억하세요. 때론 내가 아닌 누군가에게는 불편감, 좌절감, 배신감 등 다양한 부정 감정을 키울 수도 있기 때문이죠. 그럼에도 나의 내적 성장과 커리어의 성장을 위한 과정이라면 내가 경험해야 하는 불편감은 과감히 이해하고 수용해야 합니다. 물론 그 선택이 우리가 일반적이라고 생각하는 범위를 벗어난 극단적인 것이 아니어야겠죠.

  그럼에도 여전히 마음속에는 내가 진짜 잘못한 건가 하는 생각이 남아 있어 불편할 텐데요. 불편감에서 조금은 자유로울 수 있도록 경제, 역사, 사회, 정치, 심리학 등 다양한 학문에 기반을 둔 직업 심리학의 대가인 도널드 슈퍼Donald E. Super의 경력발달이론Career Development Theory을 소개하고자 합니다. 슈퍼는 그의 이론을 통해 '나는 어떻게 살아가고 싶은가? 나는 어떤 존재인가?'라는 끊임없는 질문으로부터 긍정적인 자기개념을 확고히 하고 이를 기반으로 진로를 위한 적극적 행동과 에너지를 통해 성장과 적응을 촉진한다고 소개하고 있습니다. 여기서 자기개념은 진로 선택과 발달의 중요한 핵심 요소로 개인의 성향, 능력, 흥미, 가치 및 직업적 경험 등을 기반으로 형성됩니다. 이러한 자기개념은 성장하면서 지속적으로 수정되고 발달함으로써 개인의 진로 선택과 적응에 중요한 영향을 미치게 됩니다.

  더불어 슈퍼는 진로란 일생의 선택과 발달을 통해 성장하는 과정이라고 정리함으로써 연령에 따른 진로의 발달 단계를 구분하고 각 시기에 맞는 특징, 활동, 수행 과제 등을 소개했습니다. 슈퍼가 말하는 경력 발달 단계는 성장기Growth, 탐색기Exploration, 확립기Establishment, 유지기Maintenance, 쇠퇴기

Decline로 구분되는데, 직장인의 경우 대부분 확립기와 유지기 사이를 지나고 있다고 볼 수 있습니다.

확립기는 25~44세를 지나는 동안 직업적 위치를 확고히 하고 안정화를 위해 노력하는 시기입니다. 이 시기는 직업적 성공과 안정 그리고 자신의 선택한 진로에 입지를 다지는 시기입니다. 유지기는 45~64세 사이에 진로의 유지와 발전을 위해 효율성을 증대시킴으로써 직업적 안정을 유지하기 위해 노력하는 시기라고 할 수 있습니다. 결국 직장 생활은 수많은 진로의 무대 위에서 나만의 확고한 목표와 방향을 확립하기 위한 선택과 갈등의 과정입니다.

선택의 과정에서는 당연히 수많은 고민과 갈등이 있을 수밖에 없겠죠. 그러나 직장인은 이러한 어려움의 시간을 지나면서 전문성을 확고히 하고 진로의 목적과 방향을 안정시켜 나가야만 합니다. 인생의 중요한 갈림길에서 중대한 결정을 한다는 것은 직장인이라면 누구나 경험해야 하는 필수 과제입니다. 이것이 나만의 진로 확립과 유지라는 발달의 대명제인 것이죠.

그럼에도 무언가를 선택해야 할 상황이 되면 어려움이 따를 수밖에 없습니다. 사연에서처럼 말이죠. 저는 사연자님이 꼭 해야 할 일을 잘 해냈으며, 앞으로도 계속되는 선택과 갈등의 과정을 통해 진로의 성장과 발달을 이루어야 한다고 생각합니다.

　이러한 과정에서 경험하게 되는 부정적인 피드백은 누군가의 섭섭함의 표현이라고 의연하게 넘어가셨으면 합니다. 도움이 될 만한 피드백이 아니라, 나에게 무안을 주고 무시하는 듯한 말과 행동이라면 더욱이 신경 쓰지 않아도 된다는 걸 기억하세요. 어려운 결정을 해낸 사연자님을 응원합니다. 새로운 진로의 여정과 이어질 삶에서 멋진 성장을 경험하기를 기원합니다.

4장

이 회사
계속 다녀도
될까요?

생애 첫 이직은
어떻게 해야 하나요?

　저는 첫 직장에 입사한 뒤 이제 3년 차가 된 직장인입니다. 최근 협력사 직원과 연락을 하다가 이직 권유를 받았습니다. 그 회사는 제가 일해보고 싶던 회사이기도 해요. 연봉이나 복지 같은 구체적인 대우는 지금보다는 확실히 좋은 조건을 약속한다고도 했고요. 그래서 이직하는 쪽으로 마음이 기울었는데, 현재 직장도 점점 규모가 커지면서 프로젝트도 늘어나고 있고 회사에서 필요한 사람을 뽑는 것이 생각보다 쉽지 않은 상황이라 이직 의사를 밝히는 게 미안합니다. 빨리 이야기를 해야 하는데 하루하루 미루고 있습니다. 이직 의사를 조금 더 정중하게 전달하는 방법을 알려주세요!

퇴사와 이직을 결정한다는 것은 대단한 용기입니다. 인정받으면서 앞으로 안정적인 회사 생활을 할 수 있음에도 또 다른 선택지를 찾고 결정한다는 것은 성장을 위한 변화의 과정에서 겪어야 할 불안과 두려움, 불편과 갈등에 맞서겠다는 강한 의지이기 때문이죠. 정말 어려운 결단이었다면 그 것을 정답으로 만들기 위한 최선의 전략을 찾고 노력해야 할 것 같아요. 여기에는 결단을 위한 선택의 기준과 방향 그리고 목표가 확고해야 하고, 헤어짐과 새로운 만남에 대한 준비도 포함되어 있어야겠죠. 더불어 꼭 필요한 걸 얻어야 한다면 반드시 포기할 것이 있다는 것도 잊지 않았으면 해요.

직장인 3년 차 이제 막 신입 딱지를 떼고 일과 직장에 대한 고민이 새롭게 시작되는 시기가 찾아왔네요. 직장인의 삶이 시작되는 시점부터 아마도 다양한 고민과 갈등을 경험하면서 과거에 생각했던 막연한 일들을 이제는 현실을 기반으로 내 기준에 맞게 이해하고 정리해야 합니다. 이러한 과정에서 때로는 내가 생각했던 성인이나 직장인의 삶에 미치지 못한다는 한계와 실망감도 느꼈지만, 한 단계씩 성장하고 있다는 생각에 자신감과 자부심 그리고 성장의 욕구도 느꼈을 거예요. 회사라는 또 다른 환경에서 잘 적응하고, 안정적인 것에 안주하지 않으며 또 다른 성장을 위해 노력하는 모습에 진심 어린 응원을 보내드리고 싶네요.

아마도 신입 사원이지만 주도적으로 일들을 잘 수행하고, 일에 대한 열정과 태도 그리고 자세가 좋다 보니 함께 업무를 했던 협력사 직원의 눈에 들었을 것 같아요. 우리는 일반적으로 누구에게나 이직 권유나 추천을 하지는 않잖아요. 그만큼 열심히 일했고, 성장에 대한 기반이 단단하다고 판단되니 3년 차 직장인에게 혹시나 하는 마음에 정보를 주고 추천했을 겁니다. 그리고 아마도 하고 싶은 일, 가고 싶은 회사 등에 대한 정보도 지인이나 주변 사람에게 자주 언급하지 않았을까요?

사실 지인 추천도 취업이나 이직 성공에 강력한 요인이 되죠. 누군가를 추천할 정도의 사람이라면 이미 조직 내에서 신뢰를 가지고 있기에 추천된 사람의 신뢰성과 안정성도 보장된다는 반증이 될 수 있기 때문이죠. 더불어 추천자는 회사가 요구하는 업무와 조직 등을 잘 알고 있고, 추천할 사람의 역량과 태도 등도 이미 파악하고 있기에 채용에 있어 적합성을 높이게 되고요. 링크드인Linkedin의 통계를 살펴보아도 일반적인 공고를 통한 채용보다는 추천을 통한 채용의 성공률이 4배 이상 높으며, 미국 기업의 전체 채용의 48% 정도가 추천을 통해 이루어진다고 해요.

'직장 생활 3년 차의 이직'이라는 주제를 접하니 신입 사원의 퇴사 및 이직에 관련된 요인과 시기에 대한 궁금증이 생깁니다. 신입 사원의 이직에 대한 다양한 연구와 보도 등을 종합해보면 이직은 직무 적합성, 직무 만족도, 보상, 성장 가능성 등 변인에 직·간접적 영향을 받는다고 해요.

여기서 첫째, 직무 적합성은 목표와 방향이라는 내가 설계한 미래의 전문성을 위해 현재의 직장과 직무가 필요한 경험과 기술의 기반을 만들어줄 수 있는가를 평가하는 기준이 됩니다.

둘째, 직무 만족도는 업무 환경, 동료와의 관계, 조직 문화, 회사의 가치 등이 내가 세운 가치와 기준에 부합하는가를 평가함으로써 안정된 환경 안에서 직장인으로서의 성장해가는 기준이라고 할 수 있습니다.

셋째, 보상은 급여, 복지 혜택, 근무 조건 등이 내가 투입한 노력과 성과 그리고 기대와 비교해 적절한가를 판단하는 기준입니다. 마지막으로 성장 가능성은 교육과 훈련의 기회, 다

양한 직무 경험 등을 통해 회사에서의 승진과 더불어 개인적
으로 전문성을 키우고 단단하게 미래를 준비할 수 있는가를
판단하는 기준입니다.

이직의 시기와 원인 차원에서 조금 더 살펴보면 경력 1년
미만인 신입 사원의 경우, 새로운 환경 적응의 실패와 직무
에 대한 불만족을 들 수 있어요. 첫 직장에 대한 기대와 현실
의 차이를 극복하지 못한 실망감이라고 표현할 수 있습니다.
1~2년 차의 경우, 첫 직장 생활의 경험을 기반으로 더 큰 성
장의 기회를 찾는 시기로 현재 직무에 대한 더 이상의 만족감
이나 지속적인 성장의 가능성을 찾지 못한 경우라고 할 수 있
겠죠. 더불어 건강, 주거지의 변경, 결혼 등 개인적 이슈도 빼
놓을 수는 없을 겁니다. 3~4년 차의 경우, 그간 쌓아 올린 경
험과 관계를 기반으로 더 큰 책임과 도전 그리고 안정을 위한
이직의 시기로 급여, 복지 혜택, 일과 삶의 조화 등 더 좋은
대우와 환경을 찾아 새로운 보금자리를 찾는 경우라고 할 수
있습니다.

사회 초년생뿐 아니라 직장인 대부분이 이러한 요인들을
통해 현재의 직장과 직무를 종합적으로 평가하고 직장인 그
리고 전문가로서의 성장과 발달을 위해 이직을 고민하고 결
정합니다. 이직을 고민하고 있다면 한 번쯤은 위에서 살펴본
기준들을 나의 생각과 언어로 정리해봤으면 합니다. 특별히

모든 조건을 내 기준에 맞출 수 없다면 당장 눈앞에 좋아 보이는 선택이 아닌 앞으로의 삶과 진로의 목적에 맞는 선택을 하기를 바랍니다.

그렇다면 신입 사원들은 직무 역량을 높이고 성장하기 위해 어떤 것들을 학습하고 경험하게 될까요? 우선 일에 대한 기본을 배우겠죠. 회계, 마케팅, 영업, 프로그래밍 등 직무와 관련된 기본적인 기술과 지식을 습득하고 이를 경험하는 것이 가장 중요할 겁니다. 이를 위해 업무에 필요한 도구, 소프트웨어, 시스템을 능숙하게 활용할 수 있는 능력을 키워나가는 것은 당연하고요.

직무를 중심으로 일의 기본기를 키워나가는 것과 함께 직장 생활에 필요한 필수 요인이 있다면 소프트 스킬, 조직에 대한 이해, 자기 관리, 적응력과 유연성 등을 언급할 수 있겠습니다. 여기서 '소프트 스킬'이란 조직 안에서 의사소통, 협상, 팀워크나 리더십 등을 활성화할 수 있는 능력을 말합니다. 적절한 보고, 회의, 이메일 등을 통한 효과적인 의사소통과 문제를 분석하고, 창의적이고 효과적으로 문제 상황을 해결하며 팀워크를 길러 함께 효율적으로 일하는 것 등이 소프트 스킬에 속합니다.

더불어 회사라는 새로운 삶의 기반에서 적응하기 위해 기업의 문화를 이해하고 조직의 구조를 파악하며 네트워크를 구축하고 책임감이나 정직함 등의 윤리와 기준을 확립하게 됩니다. 시간 관리와 목표 설정이라는 자기 관리의 영역도 빼놓을 수 없겠네요. 이러한 영역들을 배우고 익히면서 신입 사원은 직장인 그리고 전문가로서 성장의 기반과 성공의 밑거름을 만들게 됩니다.

어쨌든 퇴사와 이직에 대한 고민이 시작될 때면 사연에서처럼 퇴사로 인한 인력 공백과 후임자 채용 등을 걱정하는 사람이 은근히 많은 것 같아요. 한 번쯤은 생각해볼 수 있겠지만 퇴사도 이직도 내가 결정하는 것인데 이렇게까지 고민할 필요가 있을까요? 물론 불편한 부분이기도 하고 가끔은 퇴사로 인한 공백에 대해 대놓고 뭐라고 하는 경우도 있기는 합니다. 그럼에도 내가 걱정해야 할 영역은 아닌 것 같아요.

나 아니면 안 될 것 같은 생각, 나를 위해 왠지 회사에 피해를 준다는 미안함은 접어두는 편이 마음 건강에 훨씬 좋습니다. 내가 아니더라도 회사를 위해 일할 사람은 많고, 적합한 사람이 들어와 내가 남겨놓은 일들을 잘 마무리할 거라고 생각해보세요. 어차피 나와 회사는 계약 관계이고 퇴사를 하면서 그 계약은 종료되기 때문에 인수인계만 확실히 해준다면 괜찮지 않을까요? 마음의 부담감은 내려놓고 헤어짐과 새로운 만남을 준비하고 집중해보세요.

더해서 이직을 결정했고 옮기려는 회사에서도 기정사실로 인정했다면 조건을 명확하게 해야 할 것 같아요. 지금보다 좋은 조건의 급여 수준과 대우를 약속한다는 말이 아니라 정확히 명시된 문서로 확인해야 합니다. 이 절차를 거쳐 상호 간에 수용이 되어야 다음 단계인 퇴사를 공식화하는 작업이 진행될 수 있겠죠.

또한 의사를 정중하게 전달하는 방법을 알고 싶다고 했는데 그에 대한 정답은 따로 없을 것 같아요. 더불어 그렇게 정중할 필요도 없지 않을까요? 단지 채용 계약 주체인 회사와 직원 사이에 계약을 종료하는 행위이기에 되도록 규정에 따른 공지 일정, 명확한 의도의 전달, 인수인계 등에 조금 더 신경을 쓰시면 좋을 것 같습니다. 물론 말투와 태도를 신경 쓰면서 조금은 부드럽게 전달할 수는 있겠지만, 지나치게 걱정하거나 저자세로 나가지는 않아도 될 것 같습니다. 이직이나 퇴사를 한다고 잘못하는 건 아니니까요.

2

이직자의
향수병

저는 이전 직장에서 4년 정도 근무했습니다. 업무도 편했고 사람들이 참 좋아서 큰 어려움 없이 직장 생활을 했습니다. 그런데 언젠가부터 성장하고 있다는 느낌이 들지 않고, 상실감이 지속되더라고요.

그러다 중견기업으로 이직했고 이제 일한 지 한 달 정도 되었는데 요즘 매일 출근하기 전 심장이 쿵쾅거립니다. 업무가 특별히 바뀐 건 없는데 조금 더 복잡해져서 스트레스를 받는 것 같아요. 환경이 바뀌면 누구나 다 겪는 과정이라는 걸 알지만, 괜히 이직해서 고생하나 싶은 생각이 드니 매일 출근하는 게 두렵네요. 지금 회사는 연봉이나 복지는 좋으나 퇴직률도 높고 업무 강도도 셉니다. 이제 와서 역시 연봉이나 대우보다는 마음 편한 회사가 저한테 어울린다는 생각이 들고 고민만 커지네요. 이렇게 하루하루 피 말라가는 마음이 결국에는 적응이 될까요? 아니면 지금이라도 다시 전 회사로 돌아가야 할까요?

성장에 대한 고민과 상실감을 해결하기 위해 선택했던 새로운 직장에서 어려움을 겪으며 두려움과 불안함, 우울함이 지속되다 보니 하루하루 출근하는 게 고통스러울 것 같아요. 사실 머리로는 '새로운 환경에 적응하기 위해 절대적인 시간이 필요하고, 그 시간이 지나고 나면 괜찮을 거야.'라고 생각하고 이해해보려고 하지만 막상 경험하는 현실은 다르잖아요.

초반에는 적응하기 어려워도 시간이 지나면 차차 적응하게 된다는 점은 잘 알고 있을 것 같아 특별히 다루지는 않겠습니다. 더 큰 문제는 생각과 현실의 괴리와 그로 인한 심리적 갈등이겠죠. 더불어 이러한 현실을 바라보는 나 자신에 대한 평가가 더욱 사연자님의 마음을 괴롭히고 있는 것 같아요. 표면적으로는 연봉과 대우를 비교하며 편안하고 안정적인 직장과 심화되고 강도 높은 업무를 비교하며 생긴 갈등이라고 볼 수 있지만, 사실 그 내면에는 더 많은 고민이 담겨 있을 겁니다.

우선 몇 가지 확인하고 싶은 것들이 있어요. 업무가 심화되고 프로세스가 복잡해졌다고 해도, 예전의 편안했던 직장 생활로 돌아가고 싶다는 생각이 들 정도로 하루하루가 힘들다는 것은 정확히 어떤 의미일까요? 새로운 곳에서 일한 지 한 달밖에 안 되었고 무언가를 알아가야 할 시기라면 모르는 것과 새로운 환경에 대한 불안과 두려움이 찾아오는 것은 당연하잖아요. 물론 업무 강도와 퇴직율을 고려한다고 해도 성장의 과정이라면 어느 정도는 참고 버틸 수 있을 텐데 말이죠. 출근 전 가슴이 쿵쾅거리고, 피가 말라가는 것을 느낄 정도로 하루하루 출근이 싫어지고 두렵다면 지금의 회사와 업무 환경 안에 있는 나의 내재적인 심리에는 무슨 일이 벌어지고 있는 걸까요? 사연의 내용만으로 추정한다면 거의 번아웃에 가깝다고 판단이 되기 때문에 도대체 어떤 심리적 어려움이 기반에 있을까 궁금해집니다.

이에 관해서는 자신감, 자존감, 자존심을 각각 비교하며 다루어볼까 합니다. 더불어 번아웃 수준의 심리적 고통을 해소할 방법에 대해서도 함께 다루어볼게요. 우선 스스로를 '향수병, 부적응, 나약함, 이기심'이라는 단어로 부정하거나 비판적인 감옥에 가둬두지 않았으면 해요. 모든 사람은 각자에게 맞는 수준과 기준을 가지고 있잖아요. 분명히 이러한 고민과 갈등을 할 수밖에 없었던 배경이 존재할 테고, 누군가는 사연자의 선택을 부정적으로 평가할 수도 있겠지만 그럼에도 꼭 필요한 결정이었다고 생각해요. 또한 전 회사로 돌아가야 할지에 대한 고민 역시 누군가에게 보여지는 자신의 모습이 중요한 것이 아니라 현재의 어려운 상황을 해결하기 위해 가장 최선을 선택하는 것이 중요합니다.

   그렇다면 자신감, 자존감, 자존심을 비교하며 살펴보도록 할까요? 이 3가지 감정은 균형 잡힌 심리적 안정 상태를 유지하는 데 매우 중요합니다.

   자신감은 나 자신에 대한 믿음과 확신이라고 할 수 있어요. 작은 성공의 경험이 쌓이면서 '아. 나도 할 수 있구나.', '노력하면 되는구나.', '못 할 게 어디 있어? 해보면 되는 거지.', '혹시나 안 되면 어때, 또 한 번 배우는 거지.', '가능하지, 그런데 때론 안 될 수도 있는 거야.'라는 마음을 다지게 되죠. 자신감이 높은 사람은 자신의 능력, 기술, 관계 등 영역에 있어 믿음을 가지고 목적을 이루기 위한 행동을 촉진시키며, 이를 통해 성취감을 강화시킵니다. 그러다 보니 예측하지 못한 도전적 상황에서도 용기 있게 행동할 수 있으며, 실패를 두려워하지 않고 새로운 시도에 의미를 부여할 수 있죠.

   두 번째 자존감은 누군가에 의해서가 아닌 나 스스로의 가치를 인정하며 존중받을 사람으로 수용하는 자세입니다. 이러한 자존감은 부모의 양육 태도, 안정적 상호작용, 정서적 지지와 더불어 삶에서의 다양한 성공과 실패 경험을 통해 쌓아가게 됩니다. 자존감이 높은 사람은 자기 자신을 긍정적으로 바라보고, 장점과 단점을 인정하며, 자신의 부족한 능력에 대해 부정적인 방어기제를 보이기보다는 인정과 개선에 더 많은 에너지를 사용하죠. 더불어 자신에 대한 신뢰와 수용을 기반으로 외부의 환경이나 타인의 평가에 크게 영향을 받지 않고, 내재적인 안정감을 유지할 수 있습니다. 그러다 보니 스트레스와 좌절의 상황에서도 심리적인 안정감을 통해 행복을 극대화시킬 수 있습니다.

마지막으로 자존심은 누군가와 비교되는 우월감과 자부심이라고 할 수 있습니다. 즉 비교되는 기준과 대상이 존재하고, 이 존재에 따라 상대적인 외부의 평가를 수용하는 자세라고 할 수 있어요. 자존심은 성장 과정에서 부모나 교사의 인정과 평가에 따라 형성될 수 있습니다. 특별히 타인과 비교되는 우월성에 대한 칭찬과 인정 그리고 기대가 자존심 형성에 큰 영향을 줍니다. 그래서 때로는 무분별한 칭찬 때문에 남과 자신을 비교하면서 과도한 자존심을 형성하여 심리적인 갈등의 기반이 되기도 합니다.

적절한 자존심은 자신을 보고하고 목적 성취에 대한 큰 동기를 부여할 수 있으나, 과도한 경우 외재적인 평가에 민감하다 보니 스스로를 있는 그대로 인정하고 수용하는 것에는 취약해질 수도 있습니다. 결국 과도한 자존심 때문에 삶의 의미, 동기, 목적, 평가, 기준 등의 주체가 나 자신이 아닌 누군가가 되어버릴 수 있으며, 비교되는 자기 모습을 평가 절하시킴으로써 우울 성향을 만들어갈 수도 있습니다.

이렇게 자신감, 자존감, 자존심이라는 어감은 비슷하지만 각각의 정의가 다른 3가지 감정을 살펴보았습니다. 이 세 감정을 살펴보니 사연에는 어떤 감정이 드러나는지 보이나요? 저는 사연에서 낮은 자신감과 자존감 그리고 높은 자존심을 느꼈어요.

그렇다면 새로운 직장이 가져다주는 깊은 심리적 고민과 갈등은 환경적인 요인이라기보다는 내재적인 요인이 더 강할 수도 있겠지요. 만약 현재의 심리적 고통이 자신감, 자존감, 그리고 자존심을 기반으로 한다면 긍정적 자아를 발견하고 자신을 수용하고 돌보며, 작은 목표를 설정한 뒤 그 목표를 성취하여 자기 효능감을 강화하는 등 다양한 변화의 전략을 만들어볼 수 있습니다.

하지만 이러한 심리적 치료의 작업은 꽤 많은 시간과 노력이 필요하고 정서적·심리적 안정이 어느 정도 보장되어야 가능한 일이에요. 그렇기에 우선 해결해야 할 것은 현재의 불안과 두려움을 정리하고 다음 전략을 위한 안정적인 환경을 만드는 것이라고 판단이 되네요.

여기서는 '하루하루 피 말라가는 마음이 결국에는 적응이 될까요?'라는 질문을 정리하는 것이 아마도 가장 급한 문제를 해결할 중요한 열쇠가 될 수 있을 것 같아요.

제가 드리고 싶은 답은 '네'와 '아니오'라는 2가지 답변입니다. '네'라는 답은 자신이 가지고 있는 삶의 기준을 수정하고 변화를 위한 에너지를 문제의 해결적 자세에서 얼마나 잘 관리할 수 있는가의 접근입니다. 다시 말하면 새로운 근무 환경, 조금은 복잡해진 업무 프로세스 그리고 그 안에서 이루어지는 관계와 평가 등을 심리적 발달과 변화의 관점으로 받아들이고, 힘들고 어려운 상황을 버틸 수 있는 동기를 찾을 수 있어야 '네'라는 답을 드릴 수 있을 것 같아요.

반면 '아니오'라는 답은 현재 감당하고 있는 심리적 고통이 피가 마르고, 심장이 심하게 요동 치는 수준이라면 변화를 위한 무언가를 실행할 수 있는 에너지의 수준이 될까의 접근입니다. 위에서 다루었던 우선 해결해야 할 과제를 먼저 다루어야 한다면 매일 힘든 마음이 적응되긴 어려울 거예요. 조금 더 편안하고 안전한 직장 내 환경을 구축하고 무엇인가를 시도할 수 있는 심리적 안정감을 우선 확보해야 '네'라는 답의 해결적 접근을 시작할 수 있기 때문이죠.

그렇기에 전 회사로 다시 돌아가는 것은 문제의 해결적 관점일 뿐, 나 자신이 나약하거나 이기적이기 때문이라고 비판할 이유는 없습니다. 오히려 시급한 문제를 해결하기 위한 최선의 판단이라고 할 수 있겠죠. 모든 사람은 에너지의 총량, 역량, 기반 등 변수가 존재할 수밖에 없어요.

누군가가 만들어 놓은 수준과 기준에 따라 자신을 평가하면서 스스로를 나약하거나 이기적이라고 판단하지 않으셨으면 해요. 어떤 선택을 하더라도 저는 그 선택이 답이라고 생각합니다. 단, 그 답이 정말 옳은 답이 되기 위해 얼마나 노력하고 있는가가 더 중요한 관점이 아닐까요?

3

이직 준비 중인데
면접에서 계속 떨어져요

저는 40대인 15년 차 직장인입니다. 현재 회사도 적당히 만족하면서 다니고 있지만 계속 다니면 매너리즘에 빠질 것 같다는 생각에 이직을 준비하고 있어요. 여러 군데 지원해보기도 했고요. 다행히 서류는 곧잘 통과되는데 면접만 가면 탈락합니다. 항상 말도 막히지 않고 잘했고 분위기도 좋았던 것 같은데 합격 연락은 오지를 않네요. 당장 이직할 곳을 찾아야 하는 건 아니지만, 면접에서 계속 떨어지니 자신감도 떨어지는 것 같고 참 고민이 많아집니다.

40대가 되면 경력에 대한 위기, 인생의 전환점에서 겪게 되는 심리적·정서적 어려움, 직업 만족도와 업무 스트레스, 일과 삶의 균형 그리고 무엇보다도 안정된 노후를 위한 준비 등 다양한 삶의 고민과 갈등이 심화됩니다. 그러다 보니 조금 늦었나 걱정도 되지만 마지막이라는 생각으로 이직을 준비하기도 하죠. 직장 생활을 통해 그간 쌓아왔던 경험, 관계, 전문성 등 노하우를 통해 조금 더 성장할 수 있는 기반을 마련하고 인생의 2막을 준비하기 위한 본격적인 변화를 시도하게 됩니다. 어쨌든 이러한 고민이 시작되었다는 것은 또 한 번의 성장에 대한 욕구와 삶의 다음 단계에 대한 불안과 두려움에 대한 준비라고 볼 수 있습니다. 아주 바람직한 고민과 시도라고 생각해요.

　그럼에도 불구하고 면접에서 경험하는 잦은 불합격이 자신감과 자존감, 성장 욕구에 스며드는 부정적 영향을 간과할 수는 없을 겁니다. 사실 변화의 인식과 시작은 성장에 대한 강한 욕구라고 할 수 있어요. 여기에는 자아실현, 자기 신뢰, 내재적 동기부여 등 다양한 인간의 욕구를 반영하죠. 그런데 한 단계 더 들어가 살펴보면 이러한 욕구의 바탕에는 불안감과 두려움이 깔려 있을 가능성이 높아요. 그렇기에 가뜩이나 다양한 심리적 고민과 갈등의 상황 속에서 또다시 경험해야 하는 부정적 감정이 생각보다 더 큰 내상을 만들 수 있습니다.

이제는 한 번쯤 현재 나의 심리적 상태와 환경에 대한 정리가 꼭 필요한 시기라는 생각이 들어요. 물론 표면적으로는 특별히 문제가 없어 보이고 나름 안정된 직장에서 여유롭게 생활하고 있다고 생각하지만, 생애 주기에 따른 경력 발달에 있어서는 이제 슬슬 쇠퇴기 단계를 준비해야 하는 시기이다 보니 전문가인 저는 이 상황을 조금 더 심각하게 바라보게 됩니다.

앞에서 언급했던 슈퍼의 경력발달이론에 따르면, 40대의 경우, 경력 발달에 있어 확립기의 끝과 유지기의 시작 사이 그 언저리에 있다고 볼 수 있습니다. 특별히 유지기에는 쇠퇴기를 준비해야 한다는 중요한 과제가 있지요. 그렇기에 급할 필요가 없다고는 하지만 차분히 현재의 전문성을 극대화하고 남들과 차별되는 또 다른 키워드를 찾고 성장시켜야 할 중요한 시기라고 할 수 있습니다. 직장에서의 경험을 통한 성장 외에도 나 스스로를 특정 영역의 전문가로 브랜딩하고 마케팅할 수 있는 차별적 영역을 개발할 수 있어야 해요. 이러한 준비가 있어야 이직에 성공하고 이후 경력 발달의 쇠퇴기를 조금은 더 안정적으로 보낼 수 있기 때문이죠. 어차피 평생 직장에 속해 있을 건 아니기 때문에 이직이라는 성장의 키워드 외에도 은퇴 이후의 삶에 대해서도 생각해봤으면 해요. 'Two Steps Forward'라는 표현처럼 직장 생활 그리고 그 이후를 진지하게 고민해봐야 합니다.

슈퍼의 이론과 함께 40대가 경력을 중심으로 어떠한 고민을 가지고 있는지도 살펴보면 좋을 듯하네요. 미국 노동통계국Bureau of Labor Statistics과 한국고용정보원 자료에 따르면 40대 이후 직장인의 직업 간 이동이 급격히 감소함에 따라 더 이상 성장하지 않는다는 경력 정체로 인해 직업 안정성과 미래에 대한 불확실성이 급격히 증가한다는 보고가 있어요. 더불어 이러한 경력 정체는 진로에 대한 불안감을 강화하고 직장인의 직무 만족과 몰입에 부정적인 역할을 하게 된다고 합니다. 물론 모든 세대가 공감할 고민과 갈등이긴 하지만 특별히 40대의 경우에는 현재가 성장과 유지의 마지막 갈림길이라는 생각이 강하기 때문에 더욱 경력 정체에 대한 고민과 갈등, 능력과 잠재력을 최대한 발휘할 기회와 도전, 자아실현의 욕구, 새로운 흥미와 성취감, 경제적 보상과 안정, 일과 삶에서의 균형이라는 주제가 더욱 심각하게 다가올 수밖에 없겠죠.

앞서 소개한 에릭슨의 심리사회적 발달 이론에서 생산성과 침체성은 40대 성인기의 경력과 진로 고민을 이해하는 중요한 관점을 제공합니다. 이 시기는 경력 정체나 성장 침체로부터 발생하는 무기력, 소외감, 회의감을 경험하고, 문제 해결을 위한 자기 성찰, 목표의 재설정, 새로운 기회의 탐색 등이 진행되는 시기입니다. 그렇기에 승진, 이직, 보상, 균형, 안정과 같은 키워드를 두고 일과 삶의 방향에 대한 깊은 고민을 정리해야 할 중요한 시기예요.

이런 시기에 본격적인 이직을 준비하고 있다면 나 자신에 대한 브랜딩과 마케팅에 조금 더 신경을 써야 하지 않을까요? 같은 맥락에서 서류 전형 통과 이후 면접에서의 잦은 실패가 어떤 의미로 다가오나요? 서류상으로 충분히 인정받을 만한 경험과 경력을 가지고 있지만 무언가 모를 한 끗의 부족함이 있는 건 아닌가 하는 생각도 드네요.

진로 이론에서는 이 '한 끗'을 개인의 경쟁력이나 차별화된 강점을 의미하는 에지Edge라고 표현해요. 여기에는 업의 트렌드를 이해할 수 있는 지속적인 학습, 심화된 전문지식, 풍부한 경력과 이에 따른 업적, 리더십과 관리 역량, 창의와 혁신적 사고, 다양한 네트워킹과 원만한 대인관계, 전문성이 극대화된 나만의 브랜드, 신뢰와 평판 등이 포함되어 있습니다. 이처럼 차별화된 한 끗의 차이로 경쟁력을 확보할 수 있게 되죠.

사실 40대 차장이나 부장 정도가 되면 몸집이 무겁다는 표현을 많이 쓰잖아요. 연봉이나 대우 등 무거운 몸집이 그에 맞는 가치를 인정받고 꼭 필요한 사람으로 선택되기 위해서는 그만큼의 차별화된 무언가가 필요합니다. 그렇기에 탈락의 과정에서 아픔, 우울, 불안, 낮아지는 자존감 등 부정 감정에 머무르기보다는 어떤 부분에 조금 더 집중하고 보완해야 하는지에 대한 고민과 정리가 필요할 것 같아요.

다시 말해 계속되는 탈락의 어려움을 감당하고 벗어나기 위해서는 부정적인 감정에 시간과 에너지를 쏟기보다는 나를 브랜딩Branding함에 있어 어떤 부분을 간과했고, 최근 시장의 트렌드가 어떻게 변화되고 있으며, 나는 경쟁자와 어떤 차별점을 가지고 있는지에 집중해야 한다는 것이죠.

이러한 작업을 위해 현재 내가 몸담은 회사가 보호막Umbrella이 되어야 합니다. 안정된 기반이 있기 때문에 초조하거나 급할 필요가 없겠죠. 이제 그 보호막 아래에 있으면서 채용 시장에서 우위를 선점하기 위한 자신만의 가치를 찾고 이를 브랜딩할 수 있는 새로운 변화를 만들어가야 합니다. 그러기 위해 직장인 그리고 전문가로서 누군가와 차별화될 수 있는 나만의 에지를 찾고 개발하며 성장을 끊임없이 주변에 공유할 수 있어야겠죠.

세대를 막론하고 직장은 나의 성장과 발달을 위한 보호막이 되어야 합니다. 물론 직장에서 내가 맡은 일과 책임에 최선을 다하는 것은 당연하겠죠. 그러나 거기에 머무르다 보면 그만큼의 경험과 시야를 가질 수밖에 없습니다. 우리가 너무나 잘 아는 '우물 안 개구리' 신세가 되는 거예요. 그렇기에 보호막이라는 단단한 기반 아래 전혀 다른 영역의 삶들을 경험하고, 관계를 구축함으로써 일과 삶의 가치와 기준을 확장해야 합니다. 그래야 지금의 나를 객관적으로 분석할 수 있고 장점과 단점을 판단할 수 있어요. 분위기도 좋고 답변도 잘했던 면접에서 떨어지며 이유 모를 실패의 경험이 지속된다면, 아마도 내가 놓친 무언가가 존재한다는 뜻이 아닐까요? 그걸 찾기 위해서는 그만큼의 다양한 관점을 형성해야 합니다.

이러한 변화의 과정을 통해 자연스럽게 실패로 인한 자신감 하락과 자괴감에 머무르는 것이 아닌 부족한 부분을 찾고 성장에 에너지를 집중할 수 있게 되지 않을까요? 여기서 절대 놓치면 안 될 부분이 이러한 성장의 과정은 단지 직장 생활이나 이직에만 해당하는 것이 아니라는 사실입니다. 이제는 직장 생활 이후, 즉 노년기를 위한 단단한 준비의 시간이 필요한 만큼, 그간 쌓아온 기반 아래로 새로운 경험을 많이 해봐야 합니다.

안주할 것인가,
떠날 것인가

　저는 25살이고 연봉 3천 중후반으로 다른 또래보다는 높은 연봉을 받으며 일하고 있어요. 그런데 연봉 말고는 제대로 된 대우를 받지 못하는 이 회사가 너무 싫습니다. 업무가 많아서 어쩌다 한 번 연차를 쓰는 것조차 눈치가 보이는 조그마한 소기업이고, 저는 의견을 낼 수 없이 주어진 일들만 해야 하는 분위기입니다. 이직을 고민하다가도 연봉이 다른 회사보다는 높다 보니 그냥 이대로 아무 생각 없이 다닐지 고민이 됩니다. 공기업 이직도 생각 중인데 어떻게 하면 좋을까요?

연봉은 만족스럽지만 업무량과 그걸 혼자 감당해야 한다는 답답함과 부담감으로 힘드실 것 같습니다. 의견을 낼 수 없이 주어진 일들만 해야 한다면 틀에 짜인 것처럼 움직일 수밖에 없고, 이러한 직장 생활이 지속된다면 부담과 답답함이 몰려올 것 같아요. 또한 직장 생활을 하다 보면 때로는 급하게 연차를 써야 할 상황도, 누군가의 눈치 없이 나만의 휴가를 보내는 것도 중요하잖아요. 그런데 이 모든 상황이 나와 누군가의 부담이 된다면 직장의 다른 모든 영역에서 어려움이 없다고 하더라도 직장에 대한 만족도에 크게 문제가 될 것 같아요. 일과 삶에서의 주도성과 자율성이 현저히 떨어지기 때문입니다. 주도성과 자율성의 문제는 결국 나의 행복과 연결됩니다. 그러다 보니 현재의 업무 그리고 이직에 대한 고민이 생길 수밖에 없겠어요.

20대 중반이라면 사회 초년생으로서 이제 막 일과 삶에 대한 새로운 정의와 방향성을 정립해야 할 중요한 시기라는 생각이 들어요. 이 시기에는 지금 당장 내 눈앞에 놓인 상황에 몰입될 가능성이 높아요. 그런데 이처럼 근시안적이고 미시적인 접근보다는 성장과 방향성이라는 조금 더 깊고, 넓은 거시적 기반을 형성하기 위해 다양한 경험과 함께 진지한 고민을 할 수 있어야 합니다. 막연하게만 그려왔던 미래의 내 모습을 조금씩 정리하고 구체화할 때가 바로 지금인 것이죠. 그러니 이직에 대한 고민은 자율성이 없는 현재의 상황을 고려하면서도 조금 더 미래지향적인 고민을 해본 후에 결정을 하시는 것은 어떨까요?

사실 많은 사람이 일을 통한 삶의 방향과 목적, 목표에 대해 그만큼 많은 준비를 하지 못했습니다. 진로에 대한 경험도, 고민도, 학습도 없었다고 보는 게 맞을 듯해요. 초·중·고등학교와 대학교를 지나는 동안 진학과 취업이 인생의 가장 중요한 키워드가 자리 잡았고, 정작 행복과 성장의 주요 영역에는 그만큼의 시간과 에너지를 사용할 여유가 없었던 거죠. 부모님들 역시 자녀 교육에 있어서 동일한 키워드를 가지고 있다 보니 고등학생 혹은 대학생 시기까지만 집중된 자녀교육을 하게 되었죠. 막상 자녀가 취업하고 직장 생활을 하게 되면서 '이게 맞는 건가? 도대체 선택의 과정에서 어떤 기준을 가져야 하지? 뭔가 하나의 목적을 이룬 듯하지만 공허하네. 그럼 지금부터는 뭘 어떻게 해야 하지?'와 같은 실존적 고민이 시작될 수밖에 없습니다.

그런데 취업만 하면 끝나는 것이 아니잖아요. 이제 100세는 거뜬히 산다는 시대가 왔으니 취업 이후의 진로와 삶에 대한 고민도 시작해야 합니다. 그렇기에 이직을 결정하고 준비하는 그 과정이 현재의 어려움을 벗어나기 위한 회피성 결정이 되어서는 안 될 것 같아요. 이직을 결정하기 전에 왜 이직하고 싶은지, 그래서 어떤 일을 하고 싶은지, 나아가 나는 어떤 사람이 되고 싶은지 등에 대해 고민해야 합니다. 이 질문들의 답을 찾는 과정에서 확실하지는 않더라도 어느 정도의 방향과 목적이 정리되어야 해요. 물론 그 답을 빠르고 쉽게 찾아낼 수는 없을 겁니다. 그럼에도 끊임없는 성장과 변화의 과정을 통해 전문성 성장, 이직 경험, 창업 준비 등 삶의 중요한 갈림길 앞에서 어떤 길을 선택해야 할 것인가에 대한 기준을 확립해나가야 합니다.

에드워드 데시Edward Deci와 리처드 라이언Richard Ryan의 자기결정 이론SDT, Self-Determination Theory이 사회 초년생으로서 일과 삶에서의 기준을 잡고 진로의 방향을 찾아가는 과정에 도움을 줄 것 같아요. 데시와 라이언은 자기결정 이론에서 개인은 외부의 영향과 간섭에 상관없이 스스로의 동기가 부여되었을 때 행동을 결정하고 실행한다고 주장합니다. 그들은 동기

부여를 이해하기 위한 이론을 설명하면서 자율성, 유능감, 관계성이라는 3가지 욕구가 충족될 때 최고의 동기를 찾을 수 있고, 이러한 심리적 욕구가 만족되었을 때 행복하고 생산적인 일과 삶을 경험할 수 있다고 말합니다.

여기서 자율성이란 자신의 행동을 스스로 선택하고 통제할 수 있는 능력입니다. 자율성을 소유하기 위해서는 나만의 가치와 목표가 설정되어 있어야 하고, 이러한 기준 아래 최선이라고 판단 되는 것을 선택하며, 이에 따라 행동할 수 있어야 한다고 말합니다. 그렇기에 일과 삶에 있어서 스스로 중요한 결정을 내리기 전에는 반드시 가치와 목표 등을 갖추고 있어야 합니다.

유능감은 변화와 성장을 위한 도전을 받아들이고 성공적인 결과를 만들 수 있다는 자신감과 전문성입니다. 유능감을 키우기 위해서는 도전적인 목표를 설정하고 이를 이루기 위한 전문 지식과 기술을 지속적으로 성장시켜야 하며, 작은 성공의 경험들을 쌓아가면서 자신감을 키워야 합니다.

관계성은 회사 안에서의 긍정적인 사회적 관계입니다. 이는 선배, 동료, 후배와의 유대감과 소속감을 느낄 때 충족될 수 있습니다. 직장인을 대상으로 강의하다 보면 직장 생활에서 가장 중요한 것이 무엇인가라는 질문을 종종 받게 됩니다. 저는 그때마다 관계의 중요성을 언급합니다. 대부분 크게 공감하지만, 그렇게 중요한 관계를 위해 얼마나 많은 노력을 하고 있는지 제가 역으로 질문을 하면 혼란스러워하며 답하지 못하는 경우가 많습니다. 관계에는 그만큼 많은 시간과 에너지가 필요하기 때문입니다. 그럼에도 관계를 위한 중요한 기술은 듣고, 말하고, 공감하는 것입니다. 다시 말하면 소통의 능력을 키우는 것이죠.

일과 삶에 동기를 부여하기 위해서는 내가 맡은 일과 업무에 충실해야 하는 것도 중요하지만 나 자신에 대한 이해를 확장하고, 경험하며, 깊이 있게 탐색하는 것에도 집중해야 합니다. 예를 들어 나의 성격이나 가치관 또는 흥미나 능력 등을 확인하는 자기 탐색, 직장과 직업에 대한 정보 수집, 새로운 흥미에 대한 경험 쌓기, 내가 선택한 진로에 대한 의미 찾기, 회사를 넘어 다른 영역에서의 관계 만들기, 일과 삶에서 나를 도와주고 끌어줄 멘토 찾기 등 일과 삶의 단단한 기반과 성장을 위해 준비해야 합니다.

사회 초년생의 시기는 이렇게 자율성, 유능감, 관계성의 영역을 단계별로 충족해가는 첫 단계가 됩니다. 이 단계를 지나며 내가 하고 싶은 것, 하기 싫은 것, 잘하는 것, 잘 못하는 것 등을 분별하고 나 자신에 대한 이해를 키워나갑니다. 더불어 일과 삶에 대한 동기를 찾고 미래를 위한 목적과 방향을 설정하게 되죠. 그렇기에 앞으로의 이직에 대한 고민과 갈등은 더 이상 지금의 어려움을 회피하기 위한 근시안적인 결론으로 종결되어서는 안 됩니다. 현재를 기반으로 한 성장과 발달, 삶의 목적과 의미, 행복 등 조금 더 넓고 깊은 거시적인 관점에서 갈등하고 고민해보기를 바랍니다.

5

동료들이 이직하고
혼자 남으니 패배자 같아요

저는 이직이 잦은 직군에서 일하는 직장인입니다. 사람이 자주 들어오고 나가니까 이전까지는 별 생각이 없었는데 최근에 계속 이직하는 동료나 선후배들을 보면서 문득 한 직장에 남아 있는 제가 패배자인 것 같다는 생각이 들었어요. 그래서 최근에 이직 준비를 시작했는데 생각만큼 잘 되진 않는 것 같아 어려워요. 물론 이직을 준비한 지도 얼마 되지 않았고 이직이 쉽지 않다는 것도 알고 있지만 그래도 마음이 많이 싱숭생숭합니다.

예전과 달리 '평생 직장'의 개념이 사라진 지 정말 오래되었죠. 그러다 보니 한 직장에서 성장하고 경력의 마지막을 경험하기보다는 전문성, 성장, 진로, 대우 그리고 미래에 대한 준비 등 다양한 조건을 조금씩이라도 발전시키기 위해 이직에 대한 고민을 많이들 하시는 것 같아요. 진로의 관점에서 볼 때 저는 상당히 긍정적이라는 생각을 합니다. 왜냐하면 일을 하기 위한 '직장'이 중요했던 과거와는 달리 이제는 나의 일, 전문성, 성장 등 '직업'의 본질을 찾는 것에 더 많은 관심을 가지는 것으로 판단되기 때문이에요. 실제로 이직을 주제로 상담하거나 강의하면서 질문을 받다 보면 예전과 달리 최근에는 성장과 자아실현의 관점에서 직업을 대하며 조금 더 깊이 있는 고민들을 한다는 생각도 들어요.

에이브러햄 매슬로Abraham Maslow는 인간의 욕구가 그 중요도에 따라 5단계로 나뉜다는 욕구단계 이론Maslow's Hierarchy of Needs을 주장했는데요. 그 단계에 따라 나눠보자면 인간의 가장 기본적이고 보편적인 욕구인 생존을 위한 생리적 욕구와 안전의 욕구를 넘어 자아실현이라는 조금은 더 고차원적인 욕구를 추구하게 된 것입니다.

이직이 이러한 인간의 고차원적 욕구를 추구하는 과정이라면 홀로 남아 뒤처진다는 생각과 패배자가 된 듯한 좌절감을 당연히 느낄 수밖에 없을 것 같아요. 더불어 이직이 잦은 직군이라면 동료, 선배, 후배로부터 지속적인 이직 소식은 이러한 패배감과 좌절을 키울 테고요. 외로움, 소외감, 상실감 후회감도 느껴질 겁니다. 함께 일하던 동료의 빈자리는 생각보다 크게 느껴지잖아요. 물론 시간이 지나면 자연스럽게 회복되겠지만 함께 입사하고, 일했던 동료가 점점 사라지고, 새로운 사람들이 빈자리를 채워가면 외롭다, 소외된다는 생각과 함께 어떤 상실감이 느껴질 수밖에 없습니다.

계속 이 회사에 남아 함께 일했던 사람들의 이직 소식을 접하게 되면 현재의 내 상황과 비교할 수밖에 없고, 비교는 패배감, 우울, 불안, 자존감 등 다양한 감정을 자극합니다. 가만히 생각해보면 사람들은 나와 다른 사람을 정말 많이 비교하며 사는 것 같아요. 때론 이러한 비교가 가장 짧은 시간에 즉각적으로 가장 큰 아픔을 가져다줄 수 있음에도 말이죠.

그런데 비교가 이렇게 큰 아픔을 우리에게 가져다준다는

것을 알고 있음에도 왜 우리는 습관처럼 비교를 반복하고 있을까요?

비교에 대한 이야기를 풀어가려고 하니 앞서 언급했던 페스팅거의 사회비교 이론이 생각이 나네요. 사회비교 이론은 사람들은 왜 비교를 하는지, 비교는 어떻게 이루어지는지, 그 결과가 개인의 심리적 상태와 행동에 어떠한 영향을 미치는지를 설명하는 이론입니다. 그중에서도 자기평가Self-Evaluation, 자기향상Self-Improvement, 자기보호Self-Protection는 비교의 중요한 동기이고, 자신의 능력이나 가치, 성과, 상태 등을 평가하기 위한 객관적 기준이 부족할 때 '타인'을 기준으로 삼게 된다고 해요.

때로는 한 영역에서 성공한 사람, 대중이 인식하는 뛰어난 사람과 비교하곤 하지만 대부분 주변 사람, 동료, 지인, 가족과 나를 비교하게 됩니다. 비교의 대상이 누구냐에 따라 상향 또는 하향 비교를 하게 되는데 자신보다 더 나은 사람과의 비교는 동기를 부여하고 성취 욕구를 자극하는 반면 열등감, 좌절감 등을 유발합니다. 때로는 자신보다 상황이나 처지가 좋지 않은 사람과 하향 비교를 하게 되는데 이때는 자존감을 높이고 비교로부터의 스트레스를 줄일 수 있으나 스스로의 성장과 발달의 동기를 약화할 수 있습니다.

이처럼 비교에는 긍정적인 영향도 부정적인 영향이 있지만 대부분 우리의 비교는 상향 비교에서 오는 즉각적이고 강렬한 부정 자극을 통해 크고 빠른 심리적 고통에 머무르게 됩니다. 문제는 비교가 성장 및 성취의 동기를 찾고, 변화를 추구하는 긍정적인 결과를 만들어낼 수 있음에도 사연에서처럼 많은 경우 패배감, 자괴감, 후회라는 심리적 고통에 머무른다는 것입니다.

그렇다면 비교는 어떤 과정을 통해 이루어질까요? 비교는 나의 현재의 상태나 능력을 평가하고 싶을 때 시작됩니다. 때로는 누군가에 의해 강제적으로 비교당하기도 하죠. 직장 또는 사회에서의 상하 관계, 가족 안에서의 부부 및 양육 관계에서처럼 말이죠. 이러한 관계에서 꼭 기억해야 할 것은 비교로 인해 짧은 시간에 누군가에 커다란 심리적 상처를 줄 수 있다는 것입니다. 어쨌든 비교가 시작되는 시점에서 절대적이거나 객관적인 기준이 부족하면, 나와 비슷한 주변의 사람들을 비교의 대상으로 선택하게 됩니다. 일반적으로 비교의 대상은 나이, 성별, 직업, 학력, 사회적 및 경제적 지위 등 나와 유사한 특징을 가진 사람이 됩니다. 이렇게 비교의 과정이 진행되면 결과를 해석하게 되죠. 결과는 이미 위에서 다룬 것처럼 상향과 하향 비교를 통해 변화와 성장을 위한 동기를 부여할 것인가 또는 자괴감, 패배감, 상대적 박탈감에 머무를 것인가입니다.

제가 페스팅거의 이론을 살펴본 이유는 우리는 너무나 쉽게 순간순간 누군가와 비교를 한다는 사실을 말하기 위함입니다. 그리고 비교의 결과는 그렇게 긍정적이지 않죠. 그러니 비교를 통해 나나 주변을 비참하게 만들지 않았으면 합니다. 그럼에도 비교를 해야겠다면 현재의 자신을 분석하고 누군가와 비교되는 모습에서 내가 배우고, 갖추어야 할 점이 무엇인지를 찾는 성장의 기반으로 삼아야 한다는 것입니다. 이러한 과정을 통해 자신에 대한 신뢰와 효용감을 만들고 긍정적 자기 인식의 기반을 확고하게 만들기를 바랍니다.

'되도록 비교에서 벗어나기'와 더불어 스스로의 목표와 가치에 대해서도 분석해봐야 합니다. 또한 남들이 다 하는 이직이 나에게는 어떤 의미이고, 꼭 필요한 일인지 고민하는 시간도 가졌으면 합니다. 돈을 벌기 위한 직장이라는 관점이 아닌 나만의 직업이라는 관점에서 이직은 어떤 의미이며, 나의 성장과 발전에 기여하는지 깊이 생각해보길 바랍니다. 그렇게 생각했을 때 이직이 내 진로의 목적과 방향성에 있어 꼭 필요한 과정이라면 철저한 전략을 구축했으면 합니다. 관계, 경력, 전문성, 관리 능력 등 내가 충분히 채워야 할 부분을 찾고, 실천의 과정을 통해 남들과 다른 나만의 차별성을 만들어야겠죠. 이러한 시간이 기다림의 시간이라면 타인과 나를 비교하며 싱숭생숭해할 여유가 없습니다. 내가 할 일들을 찾았다면 그것을 위해 열심히 달려야 하니까요.

더불어 동료들이 다 하는 이직이 누군가에는 약이 될 수도, 독이 될 수도 있다는 것을 잊지 않았으면 해요. 때로는 오래 버티는 사람이 패자가 아닌 승자일 수도 있습니다. 이직이 잦은 회사라면 그만큼 승진에 대한 기회도 많고, 다양한 관계와 일에 대한 경험도 풍성해질 수 있으니까요.

성장과 발달이 상대적으로 뒤처져 있다고 인식된다면 당연히 마음은 불편할 수밖에 없습니다. 그러나 비교의 대상도, 평가의 기준도 객관적이거나 확고하지 않다면 비교는 늘 나를 패배자로, 무언가 부족한 사람으로 만들어버릴 수 있어요. 이럴 때면 빠르게 정신을 차리고 논리적인 오류에서 벗어나야 합니다. 비교는 가장 빠른 시간에 가장 나를 비참하게 만드니까요.

6

다시 공시생이 되고 싶은
직장인입니다

저는 중소기업에 취업한 지 이제 한 달 정도 된 신입 사원입니다. 이전에는 공무원 시험을 준비했었는데 문득 이대로 살면 안 되겠다는 생각이 들어 고민 끝에 시험을 포기하고 취업을 결심했습니다. 연봉은 낮지만 경력도 없는 저를 뽑아줘서 감사한 마음으로 잘 다니고 있습니다.

그런데 제가 했던 공부와는 전혀 상관 없는 분야에 취업했더니 이 일을 즐겁게 오래 할 수 없겠다는 생각이 들고, 그동안 공부했던 게 아깝다는 아쉬움도 들었습니다. 무엇보다 제가 공부한 걸 활용하며 일하고 싶어요. 이제야 제가 너무 조급했다는 것을 깨닫게 되었습니다. 지금이라도 퇴사하는 게 맞는 걸까요? 한 달 만에 퇴사는 너무 성급한 것일까요? 계속 일할 것처럼 시간을 끈다면 회사에 너무 민폐일 거라는 생각이 드네요.

오랜 기간 공무원이 되기 위해 노력했지만 어느 순간 생계와 미래라는 두려움 앞에 포기와 선택의 과정을 경험하셨군요. 저는 개인적으로 선택과 경험의 과정은 하나도 잘못된 것이 없다고 생각합니다. 물론 그에 따른 심리적 갈등과 고통을 경험했다 하더라도 모든 것이 삶을 단단하게 만드는 기반이 되기 때문이죠. 이런 과정이 있었기 때문에 지금의 직업과 진로라는 원초적인 질문을 다시금 할 수 있는 소중한 계기가 되었겠죠.

더불어 짧은 직장 생활이었지만 실제적인 직업 세계를 경험하고 생각과 현실의 괴리를 확인하는 시간도 경험했으니까요. 이 과정들을 통해 그만큼의 진로의 방향과 목적에 대한 충분한 고민과 경험을 했다면 그로 인해 또 조금은 성장했을 겁니다.

저는 글을 보면서 고민과 갈등으로 힘든 시간을 보내고 있지만 그래도 어렴풋이나마 하고 싶고, 이루고 싶은 무언가가 있다는 것이 너무 좋았어요. 목적과 방향이 있다는 것은 무언가를 할 수 있는 동기가 있고 그만큼의 에너지를 가지고 있음을 증명하기 때문입니다.

사실 진로를 주제로 상담하다 보면 열심히는 살고 있지만 무엇을 하고 싶은지, 어떤 것을 좋아하는지, 10~20년 후에 어떤 모습으로 성장할 것인지에 대해 아직도 답을 찾지 못해 방황하시는 사람들을 많이 만나게 돼요. 진학과 취업까지는 어떻게든 잘 해냈지만, 어떤 직업인이 될 것인지, 전문성은 어떻게 키울 것인지, 미래의 목적과 방향은 어떻게 설정할 것인지에 대한 고민과 결정은 아직 미성숙한 수준에 머물러 있는 경우가 많습니다.

안타까운 것은 진학과 취업은 대략 30세 전후의 인생의 목적과 방향을 정리한 수준밖에는 안 된다는 거예요. 그러다 보니 누군가에겐 좋은 학교와 좋은 직장에 다니고, 안정된 삶이라고 평가를 받는다고 해도 마음 한편에는 늘 공허와 불안이 머물러 있을 수밖에 없어요. 그렇기에 취업 이후의 삶을 준비하고 에너지를 성장에 집중시키기 위해서는 직업, 전문성 등 진로에 대한 고민과 정리가 절대적으로 필요합니다. 이러한 고민과 정리 그리고 결정과 실천의 과정이 진로의 성숙과 발전이며, 성장이라는 행복의 근원이 됩니다.

이러한 성장의 경험이 이제 막 시작되었음에도 초기 단계에서 느끼는 고민과 갈등은 절대 쉽지 않습니다. 아직은 무엇 하나 확실한 것도, 무언가를 선택하고 실천함에서 오는 고통도 잘 알고 있기 때문이죠. 특별히 오랜 기간 준비해왔던 시험 미래에 대한 막연한 불안감으로 포기할 수밖에 없었고, 이후 짧은 직장 생활에서 경험하게 된 갈등은 내가 스스로 선택한 것에 대한 후회와 아쉬움을 키우게 되었을 겁니다. 목표와 꿈이 이루어질 수 없다는 것, '만약 조금 더 노력해서 준비했더라면…' 하는 후회와 아쉬움이 자주 떠오르면 그만큼 현재 상황에 대한 무력감과 실패감이 커졌을 수도 있어요.

더불어 왜 그때 더 노력하지 않았나 하는 자기 비난과 자기 혐오가 피어오르니 미래를 위해 선택했던 직장이 오히려 더 미래를 불안하게 만들어버린 거예요. 결국 꿈과 현실 사이의 끊임없는 갈등은 심리적 불안과 함께 삶의 방향을 잃고 방황하게 만드는 심리적 고통을 불러올 수 있어요.

어떻게 보면 지금이 삶의 목적과 방향을 다시금 설정하고 확고한 직업인으로서 성장하기 위해 가장 중요한 시기라는 생각이 듭니다. 이제 진로와 삶을 위한 본질적인 고민을 하고 계신 듯하여 정말 마음이 많이 쓰이고 적극적인 응원을 드리고 싶네요. 내 적성에 맞지 않는 것 같은 일을 하고 있어 현실이 답답하고, 내가 목표했던 도전을 다시 시작하려 해도 보장된 것이 하나도 없는 지금이 가장 혼란스럽고 고통스러운 시기일 수밖에 없겠지만, 무언가 정리가 되고 결단을 내리면 오히려 도전에 대한 시간과 에너지를 집중할 수 있게 되지 않을까요?

짧지만 지금 경험한 직장 생활은 버려야 할 경험이 절대 아니잖아요. 어떤 직종이든 일을 하기 위해서는 기본적으로 경험하면서 배우고 익혀야 것들이 있죠. 결국 일의 과정은 비슷할 수밖에 없으니까요. 선택에 대한 후회와 실패감에 머물러 심리적 에너지를 소진하기보다는 짧았던 직장의 경험을 통해 그만큼의 전문성을 위한 한 꼭지를 배웠다고 생각하시면 좋을 것 같아요. 더불어 일이 진행되는 프로세스와 관리, 관계를 조금이라도 배웠다면 앞으로 다시금 도전해야 할 전문 자격의 준비와 취업을 위해 배운 경험을 잘 적용하고 활용할 수 있어야 해요.

앞에서도 잠깐 언급했지만 무언가 하고 싶고, 도전할 수 있는 목표가 있다는 것은 나에게 다가온 소중한 행운인 것 같아요. 이러한 목적과 방향 앞에서 현실이 '내가 지금 여기서 뭘 하고 있는 거지? 이건 내 길이 아니야. 시간이 아깝다.' 같은 생각이 들었다면 결론은 이미 내려졌네요. 그렇다면 앞뒤 잴 것이 있을까요? 재도전을 위한 전략을 준비해야죠. 문득 이대로 살면 안 될 것 같다는 생각이 들어 결정한 일이 결국에는 더 커다란 불안과 두려움을 만들었잖아요. 이제는 많은 고민과 갈등, 실패의 경험을 통해 결국은 내가 해왔고, 앞으로도 해야 할 기반이 단단한 직업인으로 성장하는 것에 에너지를 집중해야 하지 않을까요?

그렇다면 기반이 단단한 직업인 그리고 전문가로 성장하기 위해서 어떠한 마음가짐과 준비를 해야 할까요?

첫 번째, 현재 직장은 생계를 책임지고 전문성을 성장시키고 고민과 갈등의 근간인 공무원이 되기 위한 보호막이라는 생각을 정립해야 해요. 자격 취득을 준비하는 과정이 쉽지만은 않고, 절대적인 시간이 필요하다면 지금부터 차분한 준비와 전략이 있어야겠죠. 그걸 준비하는 시간이 바로 지금의 직장입니다. 무작정 지금의 직장을 포기해버리는 것이 아니라 앞으로를 준비하기 위한 기회로 삼으라는 말입니다. 소위 말하는 '올인'을 할 수 있는 충분한 여유가 있지는 않더라도 차분히 원하는 일을 준비할 수는 있지 않을까요? 물론 어느 정도 준비가 된다면 언젠가는 올인해야 할 시기가 오겠지요. 그 시기를 준비하는 곳이 바로 지금의 직장이라고 생각하면 어떨까요? 계속 일을 하다 보면 업무나 관계에서 부담감과 어려움이 생기겠지만 그걸 버티는 과정 또한 성장을 위한 시간이라고 할 수 있습니다. 그렇기에 현재의 갈등에 집중하기보다 이 시기를 내 성장을 위해 어떻게 활용할 것인가에 집중하는 것이 필요합니다.

두 번째, 직업에 대한 자기 인식을 재정립해야 합니다. 자신의 강점과 약점, 관심사, 가치관, 목표 등을 탐구할 시간을 충분히 가져보세요. 이러한 인식 정립이 목표, 방향, 전략을 구축하는 정보를 제공해줄 거예요. 자기 탐색에 있어 전문 자격이 하지 못한 것에 대한 아쉬움이나 후회인지 찾아보는 작업도 꼭 필요할 겁니다. 가능하다면 성격 및 직업 성향 테스트 등을 통해 데이터를 근간으로 나를 객관적으로 분석해보기를 추천합니다.

세 번째, 목표 설정입니다. 여기에는 다시 공부하고 관련 업종에 취업하여 전문성을 키우고 는 목표를 구체적으로 정립하는 것을 포함하고 있어요. 그러기 위해서 목표를 이루기 위한 구체적인 전략이 있어야겠죠. 이때 목표는 구체적이고 측정 가능하며 시간적 흐름이 명확해야 해요. 그리고 그 목표를 위한 전략으로 언제, 어떻게, 무엇을, 왜 할지 대한 답이 정리되어야 합니다. 앞에서 이야기한 것 짧은 직장 생활에서 배운 일의 흐름을 전략을 구축하는 데 활용할 수 있다면 더욱 좋겠죠.

네 번째, 자기 관리입니다. 직장 생활과 함께 원하는 목표를 차분히 준비하기 위해서는 그만큼 철저한 자기 관리가 필요합니다. 직장에서 쓰이는 에너지를 관리하고, 퇴근 후 저녁이나 주말 시간을 최대한 활용하며, 꾸준히 공부하고 준비하며, 적당한 쉼을 통해 몸과 마음을 챙겨야 현재가 성장의 과정이 될 수 있습니다. 직장 생활과 병행하여 또 하나의 전문성을 구축하고 성장한다는 것은 결코 쉬운 일이 아니기 때문에 철저한 자기 관리 전략을 구축해야 해요.

이외에도 미래를 위해 필요한 많은 요인들이 있겠지만, 우선 위 4가지가 잘 준비된다면 무엇이 걱정이겠어요. 자기 확신을 가지고 꿋꿋하게 버티는 과정만 남아 있습니다.

7

신의 직장에
다니고 있습니다만

저는 정말 열심히 노력해서 어렸을 때부터 가고 싶었던, 많은 사람이 신의 직장이라 부르는 곳에 입사했습니다. 벌써 일한 지도 9년 정도 되어가고 있는데 그동안 열심히 달리다 보니 몸도 마음도 모두 지쳤습니다. 정말 너무도 원했던 회사였지만, 시간이 꽤 지나 실체를 알게 되니 지금은 수직적인 조직에 회의감만 들고 20~30년 후를 생각했을 때 직업에 대한 비전도 없다고 느껴집니다. 지금이라도 준비해서 다른 직업을 가져야 하는 걸까요? 지금 직장이나 업무와 결이 아예 다른 쪽으로 준비하는 것도 고려하고 있습니다. 9년 차에 이런 고민을 하는 게 바보 같은 걸까요?

꿈이 있다는 것은 행복한 삶의 기반이 만들어져 있다고 볼수 있겠죠. 꿈이 한 단계씩 이루어지는 과정을 통해 성장과 발달이라는 성취감과 존재감을 느낄 수 있기 때문이죠. 물론 그 꿈을 찾아가는 여정에서 다양한 어려움과 갈등을 경험해야만 하고, 참고, 견뎌야 할 인내의 연속이지만 목적과 방향이라는 나침반이 있기에 불안과 두려움 앞에 당당하게 맞설수 있죠. 오랜 시간 목적을 위해 참고, 버텨왔던 고통과 인내의 시간이었다는 것이 느껴지네요. 특별히 몸도 마음도 모두지쳤다는 말은 그동안의 많은 희생과 노력의 표현일 텐데 정말 고생 많으셨어요.

그런데 꿈꾸던 직장에서 일하게 되었음에도 여러 내적·외적 요인으로부터 회의감, 좌절감 등을 느끼며 미래에 대한 비전 역시 찾지 못해 고민과 방황을 하고 계신다니 너무 안타깝네요. 열심히 노력해서 원하던 직장에 들어와 오랜 시간 일했다고 하더라도 시간이 지난 어느날 후회, 회의, 좌절은 당연히 생길 수 있다고 생각해요. 이러한 감정들이 올라오니 전혀 다른 새로운 영역으로의 이직이라는 도피처도 생각할 수 있겠죠. 하지만 저는 우선 내가 선택하고 그토록 바라왔던 직업이기에 현재를 조금더 깊이 있게 분석하고 정리함으로써 현재를 기반으로 새로운 목적과 방향을 설정하며, 또 한 번의 꿈을 이룰 수 있도록 노력해보면 어떨까 하는 생각이 듭니다.

상담 케이스 하나를 소개해볼게요. 어린 시절부터 늘 선생님이 꿈이었던 친구가 있었어요. 선생님이라는 목표가 너무나 명확했고, 교대 진학 이후 정말 열심히 준비해서 20대 후반이 되기 전 교단에 설 수 있게 되었어요. 다양한 어려움도 있었고, 때론 즐겁고 행복하다는 생각도 해본 적이 있었다고 해요. 그런데 7년 차 선생님으로 살아가던 어느 순간 가슴이 답답하고 무언가 막연하게 잘못되고 있다는 생각이 들었다고 하더라고요. 잘살고 있고, 하고 싶은 일을 하고 있고, 특별히 문제가 없는 것 같은데 왜 갑자기 이렇게 되었을까 고민하기 시작했고, 누군가의 도움이 필요하다는 결론이 난 거예요. 그렇게 저와 상담하게 된 겁니다.

그렇게도 꿈꿨던 선생님이 되었는데 왜 삶에 만족도가 떨어지고, 방향을 잃은 것 같은 생각이 들었을까요? 오랜 목표를 이룬 뒤의 어딘가 마음이 텅 빈 것 같은 느낌, 평생 혹은 오랜 시간 바라보던 큰 삶의 목적을 이룸으로 인한 의미 상실, 미래에 대한 불안, 좌절감, 정체성의 혼란, 성장에 대한 동기 상실, 열등감 그리고 부정 감정이 조금씩 커지면서 우울감으로 확장되었다는 것을 상담을 통해 확인했습니다. 아마도 사연자의 고민과 결이 비슷하지 않나 싶어요.

여기서 마음이 텅 빈 것 같은 느낌은 성취 후 찾아오는 인생의 목적과 의미의 상실로 인한 공허함과 희생을 통해 얻은 성취가 그만큼의 만족감을 주지 못할 때 생기는 좌절감일 수 있어요. 이런 공허함과 좌절감이 찾아오면 그동안 내가 그렇게 찾고 바랬던 삶의 목적과 기준이 무너지는 고통을 느끼게 되고 미래에 대한 불확실성과 불안이 찾아옵니다.

'얼마나 열심히 노력하고, 희생하며 얻은 결과물인데 왜 이렇게 만족스럽지 않은 걸까?'

'현재의 직업이 지속 가능한가?'

'이제 어떻게 살아야 하지?'

'도대체 무엇을 해야 할까?'

그러다 보면 머릿속에는 이런 생각이 떠나질 않게 되겠죠. 더불어 꿈꿔온 직업이 내가 진정 원하는 것이 아닐 수도 있다는 의심이 찾아온다면 직업적 정체성과 나 자신에 대한 정체성에 혼란이 생길 수도 있어요. 이렇게 되면 현재의 직업에 대한 더 이상의 열정과 동기를 찾을 수 없는 게 당연하겠죠. 이렇게 공허, 좌절, 후회, 불확실, 불안, 혼란 같은 부정 감정에 장기적으로 노출되면 우울감으로 이어지고 직업과 삶에서 찾아야 하는 즐거움이 상실된 채 무력감에 머무를 수 있어요.

이러한 내재적인 고민과 갈등을 경험하게 되니 수직적인 조직의 회의감, 직업에 대한 미래의 비전이라는 외재적인 부분이 더욱더 크게 느껴질 수밖에 없겠죠. 어떻게 보면 외재적인 요인은 갈등의 핵심을 회피하고자 하는 자기방어로 볼 수도 있습니다. 그러면 외재적 요인이라는 핑계를 벗어 던지고, 현재의 고민과 갈등의 근원적인 문제를 찾아 해결하기 위해 어떻게 해야 할까요?

변화의 근원은 잃어버린 꿈과 비전을 새롭게 정립하고 찾는 과정에 있습니다. 이미 이뤄버린 꿈에 매몰되어 더 이상의 성장과 발전을 찾지 못하고 있는 현실에서 벗어나 현재를 기반으로 더 성숙한 꿈과 비전을 찾는 작업이 다시 시작되어야 합니다. 비전은 끊임없는 고민과 갈등, 노력과 인내의 산물이기 때문이죠.

현재를 기반으로 새로운 일과 삶의 비전을 찾기 위해, 우선 내면에 대한 깊이 있는 자기 탐색을 시도했으면 해요. 여기에는 꿈을 이루는 과정에서의 심리적 성장에 대한 탐색이 포함되어 있어야겠죠. 어린 시절부터의 꿈이 확고했다면 어느 한쪽으로 치우친 삶을 살아온 건 아닌지 추정해볼 수 있기 때문이죠. 삶의 여러 영역과 진로의 가능성이 있음에도 불구하고 확고한 목표와 방향이 설정되어 있었다는 것은 관심, 기준, 학습, 경험 등의 폭이 그만큼 제한적일 수도 있다고 볼 수 있죠. 이러한 성장의 과정이 현재를 꿈을 축소 또는 과장하거나, 꿈 그리고 다음이라는 끊임없는 성장의 과제를 간과 시켰을 수도 있었겠죠. 더불어 성장 과정에서 경험하지 못했던 다양한 삶의 주제들에 대한 아쉬움도 분명히 있을 것 같아요.

그렇다면 이제는 꿈에 집중함으로써 채우지 못했던 삶과 진로의 다양한 측면에는 어떤 것들이 존재하는지를 깊이 있게 고민하고, 탐구하며, 경험해야겠네요. 그렇기에 당장 이직이라는 결정을 내리기보다는 현재의 직장이라는 테두리를 유지하면서 자기 탐색을 통해 삶, 진로, 관심, 가치, 기준 등의 영역을 확장해나가셨으면 해요. 취미 생활, 새로운 관계 구축, 관심사의 탐구, 전문성에 대한 끊임없는 학습과 도전 등 이러한 과정을 통해 내가 이룬 꿈이 아닌 이룬 꿈의 기반 아래 새로운 꿈에 대한 비전을 찾아야겠죠. 꿈은 이루어지면 더 이상 꿈이 아니잖아요.

새로운 꿈과 비전을 찾으셨다면 이제 목표를 재설정해야겠죠. 재설정된 목표는 다시금 삶의 의미와 동기 그리고 비전을 찾을 수 있도록 도와줍니다. 아마도 재설정된 목표는 그동안 쌓아왔던 지식과 경험 그리고 전문성의 기반 아래 만들어진 새로운 키워드가 될 가능성이 크겠죠. 조금 전 살펴보았던 상담의 예에서는 '어떤 선생님이 될 것인가?' '남들과 특별히 다른 선생님이란?' '퇴직 후 교육자로 남을 수 있는 삶의 준비' 등의 키워드를 중심으로 선생님이라는 꿈 이후에 다시금 변화와 성장에 몰입할 수 있는 새로운 목표를 설정했죠. 목표가 재설정되고, 단기 또는 장기의 계획이 만들어지면 이후에는 부정 감정에 머무를 여유가 생기지 않아요. 목표를 이루기 위한 계획 안에는 하루하루 새롭게 해야 할 것들이 넘쳐나기 때문이죠.

마지막으로 절대적인 쉼의 시간을 확보하셨으면 해요. 그동안 꿈을 이루고, 그 안에서 최선을 다하기 위해 많은 에너지를 사용하셨잖아요. 그러다 몸도 마음도 지칠 수밖에 없고, 에너지의 소진으로 인한 번아웃으로 힘드실 것 같아요. 필요하다면 장기 휴가나 휴직을 통해 지친 몸과 마음에 새로운 에너지를 불어넣어주세요. 더불어 쉼의 시간을 통해 나를 탐색하고, 조금 더 상장된 꿈을 구체화해보세요.

이직하고 싶은데
2세 계획을 하고 있습니다

이직을 준비하고 있는 여성 직장인입니다. 마침 괜찮은 연봉을 제안을 받은 회사가 있어요. 그런데 내년에 2세를 계획했던 터라 이직하고 얼마 지나지 않아 육아휴직을 쓰겠다고 하는 것이 괜찮을지 걱정입니다. 계획대로 된다고 하면 옮기는 회사에는 민폐일 것 같고, 회사에서 육아휴직을 사용할 수 있게 해줄지도 확실하지 않아요.

지금 다니는 회사는 사람도 일도 좋고 안정적입니다. 하지만 연봉이 너무 낮은데 팀장인 제 업무는 계속 늘어가니 점점 힘들어져요. 어차피 육아휴직을 쓸 거라면 그냥 계속 참고 다니는 게 나은 걸까요? 육아휴직 후에는 더 좋은 조건으로 이직이 가능할지도 의문이기도 하고요. 가보지 않은 미래라 어떤 선택이 나을지 잘 모르겠습니다.

직장인으로서 그리고 여성으로서 넘어야 할 가장 크고 중요한 두 개의 산 앞에 서 있군요. 직장에서의 변화, 성장을 위한 이직 준비와 더불어 안정적인 가정을 이뤄 소속감을 얻고 나아가 부모가 되는 일까지 인생의 새로운 행복을 만들어가기 위해서는 어느 하나도 빼놓을 수 없는 중요한 과정일 겁니다. 이렇게 중요한 과정이기 때문에 그만큼의 고민과 갈등이 생길 수밖에 없지요. 더군다나 어느 하나도 확실하게 예측할 수 없고, "이것이 정답이야!"라고 자신 있게 말할 수도 없잖아요. 일과 삶에 정답이 있어서 우리는 그 답만 묵묵히 찾아가면 좋겠다는 마음이 가득하지만, 현실은 그렇지 않으니 모든 상황에서 무엇이 먼저인지, 어떤 것을 선택해야 하는지를 고민하는 것이 큰 도전 과제입니다.

임신과 출산이 아직 계획 단계라면 아무래도 직장인으로서의 삶이 우선이 될 것 같습니다. 그런데 동종 업계 대비 낮은 수준의 연봉을 받으면서 팀장으로서 업무 강도와 절대적인 시간이 늘어나고 있다면, 일과 삶의 만족도가 상당히 떨어질 수밖에 없지요. 아무리 지금 하는 업무가 좋고 관계가 편하더라도 직장인은 연봉과 대우를 통해 일에 대한 자존감과 자기만족을 가지게 되잖아요. 그래서 좋은 조건의 회사로 이직을 고민하다가도 2세를 계획하면서 임신과 출산 이후의 다양한 변화를 예측하다 보니 불안과 두려움이 앞서 무언가를 선뜻 선택하기가 어려울 것 같습니다.

그렇다면 이러한 고민들을 어떻게 하면 하나씩 정리할 수 있을까요? 이미 여러 번 언급했던 것처럼 이직 준비도, 임신과 출산 준비도 어떤 방향을 선택할 것인가에 대해 정해진 답은 없습니다. 단지 내가 선택하면 그것이 답일 수밖에 없죠. 그럼에도 선택의 상황 앞에서의 두려움과 불안이 커지는 이유는 선택에 영향을 줄 수 있는 너무나 많은 책임과 의무, 정확히 확인되지 않은 정보를 가지고 있기 때문입니다.

이직한 지 얼마 되지 않아 육아휴직을 쓰는 것이 누군가에게는 커다란 고민거리가 되지만 누군가에게는 아무런 고민거리가 되지 않을 수도 있습니다. 임신과 출산을 계획했으면서 이직했다는 비난의 두려움은 결정에 큰 영향을 줄 수 있지만, 사실 임신과 출산이 누군가의 눈치를 볼 만한 일이 아니라는 생각이 들어요. 그것이 육아휴직이라는 제도적 장치가 존재하는 이유이기도 할 테고요.

하지만 이직과 2세 계획에 있어 직장인으로서의 부담감을 조금은 내려놓았으면 해요. 저는 개인적으로 워킹맘이 직장인과 양육자로서의 역할 갈등의 희생자가 되지 않기 위해 국가, 사회, 기업이 더 많은 노력과 지원을 해야 한다고 생각합니다. 워킹맘들이 더 이상 일과 삶의 영역에 있어 죄책감과 자괴감으로 고통받지 않을 수 있도록 먼저 제도적 지원이 필요하며 사회적 인식의 개선과 함께 심리적인 안정감을 제공해야 합니다. 이러한 제도가 잘 갖춰져 있는 곳이 좋은 국가, 좋은 사회, 좋은 기업이라고 생각합니다. 사연에서처럼 이직 고민에 앞서 '육아휴직의 가능성'을 걱정하지 않아도 되는 곳이어야 한다는 것이죠.

그럼에도 현실적인 부분에서 이직과 2세 계획의 불안감을 조금이라도 낮추기 위해서는 내가 잘 모르고 있는 정보에 대한 확인이 필요할 듯합니다. 이직 후 육아휴직 사용이 자유로운지에 대해서는 아직 확인되지 않았지요. 아마도 사연자의 업무 역량은 이미 확인했으니 이직을 제안했을 겁니다. 그렇다면 기혼 여성이라는 점도 인지하고 제안하지 않았을까 조심스레 추측해봅니다. 가능하다면 주변 사람에게 그 회사에서 육아휴직 제도가 잘 운영되고 있는지와 회사 분위기 정도를 물어볼 수도 있습니다. 사연처럼 육아휴직의 가능성에 대한 불안과 민폐가 될 수도 있다는 생각은 이제 버려도 될 것 같아요. 다시 한번 이야기하자면 2세를 계획하는 것은 절대 비난받아야 할 영역이 아닙니다. 개인적인 삶의 성장 과정이 자 중요한 선택이기 때문입니다.

동물의 대부분이 스트레스 상황에서 출생률이 줄어든다는 연구 결과가 있습니다. 스트레스는 동물의 생리적·행동적 반응을 변화시키고 번식력에 직접적인 영향을 미친다는 겁니다. 이러한 연구는 포유류, 조류, 어류에 대한 실험에서 이미 밝혀졌죠. 인간의 몸 역시 스트레스 상황에서 스트레스 호르몬이라고 불리는 코르티졸, 아드레날린 등을 분비시키면서 번식에 영향을 미치는 호르몬인 에스트로겐, 프로게스테론, 테스토스테론의 균형을 깨뜨립니다. 결론적으로 스트레스는 호르몬과 행동 변화, 면역 기능 저하 등을 통해 출생률을 감소시키는 데 주요한 요인이 됩니다. 최근 급격히 감소하는 출생률에 대한 우려의 목소리가 높아지고 있습니다. 이에 따른 제도 또한 만들어가고 있지요. 하지만 직장인, 워킹맘의 스트레스를 관리하지 않는다면 정책에 시너지 효과를 낼 수 없기에 이런 제도가 다양한 차원에서 깊이 논의되어야 한다는 생각도 듭니다.

이러한 차원에서 볼 때 저는 사연에서 말한 육아휴직을 사용할 수 있을지와 사용했을 때 민폐가 아닐지 하는 고민보다는 이직과 임신, 출산, 육아의 과정에서 겪어야 할 스트레스 상황에 대한 관리와 전략에 대해 더 많이 고민했으면 합니다. 일과 육아를 병행한다는 것은 우리가 가지고 있는 에너지의 대부분을 소진해야 한다는 것을 의미합니다. 이미 언급했듯이 삶에서 경험해야 하는 가장 중요한 2가지 변화를 동시에 경험해야 하기 때문이죠. 이직과 출산은 행복에 가장 중요한 근간이 되기도 하지만 불안과 어려움이 밀려오는 위기가 되기도 하잖아요. 그렇기에 이러한 위기의 상황에서 시간 및 에너지 관리, 지지 기반 형성, 나라는 존재에 대한 독립과 경계 설정 등의 이해와 전략이 먼저 갖추어져야 합니다. 새로운 변화 앞에서의 고민은 표면적이고 가시적인 부분보다는 조금 더 깊은 곳에서 시작되어야 합니다.

여기서 조금 더 깊은 생각이란 역할 갈등, 죄책감, 스트레스 관리, 자아정체성, 육아, 사회적 비교 등을 언급할 수 있을 것 같아요. 출산하고 본격적인 육아가 시작되면 수많은 심리적 도전 앞에 놓이게 됩니다. 이러한 도전을 잘 관리하고 대처하기 위해 고민하고, 전략을 잡고, 경험해야 할 것들에 대해 말해보겠습니다. 아이를 낳게 되면 직장과 가정이라는 두 영역에서 많은 역할을 수행해야 합니다. 이러한 과정에서 시간 관리, 에너지 분배, 선입견 등의 어려움을 겪게 되죠. 이때에는 무엇보다도 '우선순위'를 잘 설정하는 것이 매우 중요합니다. 업무와 육아의 우선순위가 앞으로 있을 많은 결정의 기준이 되고, 이에 따라 일정과 에너지가 조정되기 때문입니다.

상담을 통해 만나는 많은 워킹맘의 고민은 일과 삶에 있어서 두 마리 토끼를 모두 잡고 싶어 하는 욕구에서 발생하는 경우가 많아요. 하지만 한 번에 2가지를 모두 잘하는 것은 너무나 어려우며, 한정된 시간과 에너지 안에서라면 더더욱 힘들 수밖에 없겠죠. 그러다 보니 결국은 에너지가 끝까지 소진되어 상담실을 찾아오곤 합니다. 결국 선택의 기준과 우선순위를 설정하고 그 안에서 할 수 있는 것에 최선을 다하고 만족해야 합니다. 하나를 얻었다면 다른 하나는 어느 정도 내려놓을 수 있어야겠죠. 더불어 나 자신과 업무 그리고 육아의 경계를 명확하게 설정해야 해요. 그 명확한 경계가 선택된 우선순위에 따라 역할에 집중할 수 있는 시간과 에너지를 확보하고 효율적으로 사용할 수 있도록 돕기 때문입니다.

'죄책감'도 깊이 고민을 해야 할 영역 중 하나입니다. 충분한 업무 시간을 확보하지 못하고, 일에 예전만큼 집중하지 못하고, 예상한 성과나 기대치에 부응하지 못한다는 직장인으로서의 부담감과 함께 아이와도 충분한 시간을 함께하지 못한다는 양육자로서의 부담감이 죄책감으로 다가올 수 있어요. 이러한 감정이 나를 힘들게 한다면 완벽한 양육자와 직장인이 될 수 있다는 것을 스스로 인정하고 받아들이는 자기 수용의 자세가 필요합니다. 더불어 절대적인 시간의 양Quantity보다는 시간의 질Quality에 조금 더 신경을 많이 쓰기를 바랍니다. 나의 시간과 에너지는 한정적이라는 사실을 기억하고, 우선순위를 확실히 정해 그에 따라 생각하고 행동한다면 결국 일과 육아에 모두 도움이 될 거라고 생각합니다.

워킹맘은 직장과 가정에서 다양한 요구와 책임으로 인해 상당히 높은 수준의 스트레스를 경험하게 됩니다. 그렇기에 혼자 있는 시간을 확보하고 운동, 요가, 명상 등 나만의 스트레스 관리 기술을 찾아야 합니다. 또한 나 자신을 돌보고 휴식을 취하는 시간을 정기적으로 확보하며 이를 위해 가족, 친구, 동료 등과의 관계를 통해 사회적인 지지 기반을 단단하게 만들어야 합니다. 일도 육아도 무언가 늘 모자란 것 같은 생각이 자주 들어 나에게만 엄격하고 냉혹해질 수도 있지만, 결국 나 스스로가 육체적으로나 정신적으로 건강하지 못하다면 일도 육아도 모두 엉망이 될 수밖에 없겠죠. 일과 육아를 병립해야 하는 워킹맘의 최우선 과제는 스스로를 돌볼 수 있는 스트레스 관리 기술을 익히고 적용하는 것입니다.

양육자와 직장인 사이의 '자아정체성'에 대한 혼란도 꼭 필요한 고민이 되겠죠. 이때 가장 중요한 것이 일과 삶의 가치와 목표를 재검토하는 것입니다. 이러한 과정을 통해 이직과 육아로 인해 변화된 삶에서의 나 스스로에 대한 정체성을 재확립하게 됩니다. 더불어 두 정체성에 대한 이해를 기반으로 조금 더 균형 있는 삶의 체계를 구축하게 됩니다. 마지막으로 '사회적인 비교'는 워킹맘의 삶에 커다란 고민과 갈등을 던져줍니다. 워킹맘과 전업주부 사이의 비교는 열등감을 느끼게 하기 때문이죠.

앞서 '자존심'에 대해 다루었습니다. 자존심은 성장 욕구를 키울 수 있는 긍정적인 역할을 하지만, 과도한 자존심은 가장 빠른 시간에 가장 크게 스스로를 비참하게 만들게 되죠. 그렇기에 최대한 비교를 줄일 수 있어야 합니다. 현재 내게 주어진 상황에서는 내가 내린 선택이 정답이라고 인정하고 수용하는 과정이 필요합니다. 또한 직장인으로서 끊임없는 성장의 노력에 집중함으로써 비교에서 자유로워져야 합니다.

워킹맘으로서 직장 생활과 육아를 병행한다는 것은 두 배 이상의 시간과 에너지가 드는 엄청난 일입니다. 이렇게 더 많은 시간과 에너지를 쓴다는 것은 그만큼의 더 많은 스트레스에 노출 될 수밖에 없다는 의미하겠죠. 그렇기에 더 많은 고민과 전략이 필요하고, 다양한 정서적 지지 자원을 확보해야 합니다. 더불어 필요할 때는 언제든 심리상담을 통해 도움을 받으셨으면 합니다.

9

**불타오른 적이 없는데
번아웃이 올 수 있나요?**

　저는 5년 차 개발자인데 너무 퇴사하고 싶습니다. 조직 생활이 제게는 너무 힘들어요. 처음에는 회사가 문제라고 생각했지만 그것뿐만이 아닌 것 같아요. 그냥 제게 절박함이나 간절함이 없고, 성과를 내서 승진하거나 이직을 해서 연봉을 올리고 싶다는 마음도 크지 않습니다. 그냥 아무것도 하지 않고 가만히 있고 싶어요. 회사에서 도망치고만 싶습니다.

　뭐라도 해보면 마음이 달라질까 싶어서 공부도 운동도 해봤지만 그때마다 삶에 대한 회의감만 더 커지는 것 같아요. 남들은 다들 좋은 커리어를 쌓기 위해 열심인 이 나이에도 저는 간절함이 없는데 10년, 20년 뒤에는 대체 어떻게 할지 고민도 되고 미래가 행복할 것 같지도 않아요. 주변에서는 제게 번아웃이 온 것 같다고 하는데, 저는 한 번도 불타본 적이 없거든요. 뭘 열정적으로 해본 적 없는 사람도 번아웃이 올 수가 있나요?

일과 삶에서 고민이 시작되었다는 것은 마음이 나에게 변화를 위한 무언가를 요구하는 것이라고 생각합니다. 어찌 보면 이상한 것도 문제가 있는 것도 아닌 존재와 삶의 의미를 찾는 당연한 성장의 과정이라고 할 수 있죠. 이러한 과정을 지나야 조금 더 심리적으로 안정된 현재와 미래를 구축할 수 있기 때문이죠.

제가 최근에 우려하는 것 중 하나는 일과 삶에서 자연스럽게 발생할 수 있는 갈등이나 어려움을 심리적인 문제나 정신건강의학상의 병리로 너무나 쉽게 결론을 내리는 경우가 많다는 것입니다. 우울, 불안, 두려움, 번아웃 등 우리가 경험하는 다양한 감정과 심리적 불편감은 삶을 이해하고 변화하며 성장하기 위한 당연한 발달의 과정입니다. 물론 타고난 성격, 성향, 삶이 기반과 배경, 정서적 지지, 양육 방식, 감정의 심각성에 따라 정신과적 약물 치료가 필요한 경우가 분명히 존재합니다. 때론 심리상담을 통해 혼자만의 고민과 갈등에서 벗어나 전문가에 도움을 통해 해결의 실마리를 찾고 행동적 변화를 만들어갈 수도 있습니다. 그럼에도 인간은 삶에서 다양한 심리적 성장통을 경험할 수밖에 없고, 그 과정을 잘 이겨내면서 성장하게 되죠.

그렇기에 지금의 고민은 이제 자기 이해를 확립하고, 독립적이고 주도적인 삶의 변화를 준비하는 고민과 갈등이라고 이해해도 좋을 것 같아요. 많은 격려와 응원을 보내고 싶네요. 어찌 보면 오히려 더 자신에 대해 솔직하고 건강한 것이라는 생각도 듭니다. 누군가가 만들어놓은 방식과 방향 그리고 평가, 부모의 양육, 사회적 신념과 가치를 추구하며, '이건 아닌 것 같은데….'라고 의심하면서도 변화와 평가와 기준이 두려워 고민을 무의식으로 밀어내버리고, 내가 아닌 누군가의 삶을 사는 것보다는 말이죠. 사실 더 늦기 전에 이러한 존재의 의미와 변화를 찾기 위한 작업이 시작되었다는 것은 30대를 지나 의무와 책임이 많아지면서 같은 고민이 들더라도 어쩔 수 없는 현재를 수용하고 버티는 것보다 훨씬 긍정적이라고 생각합니다. 이러지도 저러지도 못하는 상황이라면 현실 앞에 굴복할 수밖에 없어 늘 마음 한구석에 우울, 불안, 공허 등을 가지고 살아가게 되니까요.

주변에서 번아웃에 대해 언급한 것도 아예 틀린 말은 아닙니다. 어떤 일이나 분야에 열정을 보이며 활활 타오르지 않았더라도 나와 맞지 않는 직장이라는 옷을 억지로 입고 있으면서 나도 모르는 사이 많은 에너지가 소진될 수 있기 때문이에요. 무언가를 위해 열정적으로 에너지를 소진한 후의 번아웃이 아닌, 현재의 삶에 대한 회의감과 도망치고 싶은 조직에서 버티는 시간 역시도 서서히 내 에너지를 소진시킵니다. 만약 성격이 내향적인 사람이라면 소통과 협업이 어려울 수도 있고 그 외에도 집중력 문제나 완벽주의에서 오는 갈등, 지속적인 업데이트에 대한 압박 등으로 인해 번아웃의 위험에 노출되었을 가능성이 높습니다.

하지만 5년이라는 짧지 않은 기간 동안 직장 생활을 하면서 쌓아온 고민과 회의감, 갈등이 점차 확장되어 전반적인 삶에서의 존재 가치와 의미, 목적에 대한 고민으로 이어져 심리적인 갈등이 심해졌을 수도 있겠습니다. 그래서 저는 번아웃이라기보다는 성장의 과정에서 경험해야 할 고민과 갈등이라고 정리하고 싶어요. 더불어 변화를 위해 다양한 노력을 했다는 것은 그만큼의 에너지가 있다는 것을 의미하기에 더욱이 '번아웃'의 모습과는 다르게 보이기도 합니다.

그렇지만 오랜 고민과 갈등에 머물러 있는 것은 매우 위험합니다. 약한 감기도 계속 방치하면 폐렴이 되고, 미미한 우울감이 커져 우울증이 되는 것처럼 지금 느끼는 무력감과 무

의미가 삶에 고착화될 수 있기 때문이에요. 물론 공부나 운동을 하면서 변화를 위해 노력한 부분은 충분히 인정합니다. 그 노력을 통해 그래도 무엇인가를 깨달을 기회가 생긴 셈이니까요. 그러나 그것들은 고민하는 것처럼 문제의 근간에 대한 고민이라기보다는 표면적인 변화를 위한 도피처를 찾는 노력인 것 같아요.

그렇다면 심리학자의 눈으로 바라본 사연 속 고민과 갈등의 핵심은 무엇일까요? 매슬로의 욕구 단계 중 자아실현이라는 최상위 욕구의 단계에서 에릭슨의 자율성, 주도성, 정체성이라는 심리사회적 발단 단계의 과제를 수행하는 것이 아닐까요? 앞서 다루었던 매슬로의 욕구 단계, 에릭슨의 심리사회적 발달 단계와 함께 꼭 언급해야 할 것이 바로 삶의 '의미에의 의지'입니다.

삶에 대한 '의미에의 의지Will to Meaning'는 오스트리아의 신경정신과 전문이자 심리학자, 철학자로 로고테라피Logotherapy를 창시한 빅터 프랭클Viktor Frankl이 발표한 개념입니다. 로고테라피의 '로고'는 '의미'를 뜻하는 그리스어 로고스Logos에서 파생된 말로, 인간이 삶의 의미를 찾는 것이 정신건강의 핵심이라고 보는 개념입니다.

프랭클은 인간은 의미를 찾고자 하는 의지를 통해 극한의 상황과 삶의 어려움을 견뎌낼 수 있다고 믿었으며, 삶을 끌어가는 주요 동기를 의미에의 의지로 규정하였습니다. 그는 삶의 의미를 찾아가는 과정에서 나만의 방식을 스스로 찾아가야 하며, 그 의미와 의지를 찾지 못한다면 공허감으로 인해 우울감, 불안감, 무력감을 경험할 수밖에 없다고 보았습니다. 빅터 프랭클의 '의미에의 의지'라는 심리적 기반 아래 성장을 위한 고민과 갈등의 과정에서 삶에 꼭 적용해야 할 것은 다음과 같습니다.

첫 번째, 일을 통한 긍정적 의미를 끊임없이 찾고 수용해야 합니다. 이때 내가 맡은 업무나 함께 일하는 동료들, 넓게는 조직 전체에 내가 어떤 긍정적인 영향을 주고 있는지를 정리해보는 것이 자신의 역할을 재평가하며 의미를 찾는 데 큰 도움이 됩니다.

두 번째, 내가 중요하게 생각하는 가치가 무엇인지를 명확하게 규정해봅니다. 이때 회사라는 보호막 아래 최대한 많은 것을 경험하며 내가 추구하는 가치가 무엇인지를 조금씩 찾아갈 수 있도록 노력해야겠죠. 그리고 그 가치에 맞는 단기 또는 장기의 목표를 수립하고 실천해야 합니다.

세 번째, 삶의 전반적인 의미를 찾아야 합니다. 여기서 나에게 특별한 의미가 있는 일, 관계, 활동 등을 통한 개인적인 의미와 내가 처한 환경, 새롭게 찾아오는 변화를 통한 상황적 의미 그리고 종교, 철학, 심리 등에서 말하는 보편타당한 궁극적 의미를 찾을 수 있도록 노력해야 합니다.

빅터 프랭클의 이론을 기반으로 현재의 고민과 갈등 상황에서 변화와 성장을 위해 노력해야 할 부분을 전달하려다 보니 너무 심오한 이야기로 흐른 듯하네요. 사실 나를 이해하고, 의미에의 의지를 찾는 작업이 결코 쉬운 일은 아닙니다. 우리는 성장 과정에서 이러한 교육, 학습, 경험을 해보지 못했기 때문이죠. 하지만 지금도 늦지 않았습니다. 더 늦기 전에 이런 작업을 시작하게 되어 다행이지요. 혼자 이 모든 것들을 해내기가 어렵다면 전문가의 도움을 통해 나를 찾고, 의미를 찾는 여정을 시작했으면 합니다. 이 고민과 갈등의 시기가 끝나고 행복한 미래를 그려볼 수 있기를 바랍니다.

모든 변화는
작은 것에서부터 시작된다

2024년 유난히 뜨겁고 습했던 여름을 지내면서 일과 글쓰기를 병행한다는 것이 쉽지만은 않은 과정이었다. 그럼에도 2023년 퇴사를 결정하고, 연구소를 개소하며 직장인의 마음 건강에 대한 인식과 중요성 그리고 개인 차원에서의 이해와 관리법을 알려야 한다는 나만의 사명감에 보람된 하루하루를 보낼 수 있었다. 머리로만 맴돌고 있었던 '직장인의 마음 건강'에 대한 나만의 생각을 표현하고 정리할 수 있었던 과정이었기에 너무나도 소중한 시간이었다.

사실 생각은 언어와 글로 표현되어야 정리를 했다고 할 수 있다. 수많은 생각들을 머릿속으로 되뇌어보지만 정리되지 않은 생각은 항상 같은 자리를 맴돌 수밖에 없기 때문이다. 나는 상담 시간에 "머릿속의 고민과 생각들을 글로 정리하는 시간을 가져보셨으면 해요. 그러기 위해서는 시간도, 장소도 그리고 일상과 다른 경계를 설정하셔야 하지요."라는 말을 자주 한다. 더불어 "이러한 글들이 하나하나씩 모아지면 책도 쓰셔야지요."라는 챌린저의 역할도 자주 하게 된다.

차분히 앉아 나만의 생각을 정리하는 시간들은 자기 인식, 자기 이해, 자기 성찰의 시간이다. 이러한 문제 인식의 과정을 통해 우리는 나를 괴롭게 만드는 고민과 갈등, 두려움과 불안, 우울 등을 정리하고, 해결을 위한 실천의 근간을 찾아가게 된다. 그래서 글의 흐름도 다양한 심리적 이론을 기반으로 문제의 근간을 찾고, 변화를 위해 할 수 있는 것과 없는 것을 구분하여 할 수 있는 것들의 실천까지를 다루는 형식으로 구성하였다.

글의 주제를 선정하는 과정도 쉽지만은 않았다. 최대한 다양한 곳에서 직장인들의 생생한 이야기를 들어보고 읽어보며, 직장인이라면 한 번쯤은 고민해보았을 주제들을 모아 사연으로 각색하여 구성했다. 수많은 고민과 갈등을 한 권의 책에 모두 다룰 수는 없기에 표출되는 결과의 중요성도 고려했지만, 그보다는 고민과 갈등의 기저에 대해 더 많이 고민했던 것 같다.

이렇게 주제를 선택하다 보니 취업, 이직, 관계, 진로, 리더십, 갈등, 미래 등을 기반으로 한 자존감, 불안감, 우울감, 분노 등으로 글의 방향이 정리되었다. 글의 주제와 구성 방식이 잘 정리되었다고 자의적으로 판단해도, 글이 잘 쓰였는가에 대한 의문과 걱정은 여전하다. 특별히 모든 사람이 동일할 수 없기에 글에서 다루었던 문제의 근간, 해결의 전략이 모든 사람에게 적용되지 않을 수도 있다는 것과 결과적으로 문제를 인식하고 해결하는 과정은 항상 답이 정해져 있기 때문에 또 하나의 '답정녀'라는 인식을 주지 않을까 걱정되기도 한다.

여기서 꼭 집고 넘어가야 할 것이 많은 사람이 이미 정답을 알고 있다는 점이다. 하지만 실천의 과정까지는 길이 너무나 멀고 험하기 때문에 변화를 위한 행동 앞에서는 모두가 한없이 작아진다. 그래서 심리상담은 문제를 인식하는 차원에 머무르는 것이 아닌, 한 걸음 더 나아가 변화를 위한 실천의 전략을 찾고 실행하는 과정까지 돕고자 한다. 이러한 과정을 통해 내가 할 수 있는 범위 내에서 나와 나의 주변 환경을 변화해가는 것이다. 안타깝게도 책 속 짧은 사연에 대해서는 이러한 심리상담의 과정을 다룰 수는 없었다. 그럼에도 최대한 상담 현장에서 전문가로 조력의 과정에서 다루었던 다양한 이야기를 포함하려고 노력했다.

모르기 때문에 불안하고 두려운 것은 어찌 보면 당연하다. 그렇기 때문에 불안감에서 조금이라도 벗어나기 위해 우리는 더 깊이 생각하고 변화를 위한 준비와 행동을 시작해야 한다. 불분명한 것들이 직장 생활에 존재한다면 더 명확하게 정리함으로써 조금이라도 더 예측하고 관리할 수 있어야 한다.

물론 쉽지만은 않다. 그럼에도 새로움을 위한 변화의 과정을 조금씩 겪다 보면 완벽하지는 않더라도, 무언가를 이룰 수 있다는 기대감을 넘어 구체적인 성취를 경험하게 된다. 변화를 위한 새로운 선택과 실천에서 인내하는 것이 누구에게나 쉬운 것이라면 불안과 두려움이 우리를 그렇게 괴롭히지 못했을 것이다.

하지만 변화의 과정에는 상상을 뛰어넘는 고통과 인내가 필요하기에 선택과 실천을 위해서는 그만큼의 준비 과정이 필요하다. 최선의 선택을 위해서 수많은 확률을 따져보고 고민했음에도 실천이 없다면 해결될 수 있는 문제는 없다. 고민의 단계에서는 두려움이나 불안감을 줄일 수 없고, 오히려 부정적 생각과 감정이 풍선처럼 부풀어올라 삶의 고뇌를 키우게 될 것이다.

그러니 두렵고 어렵게 느껴지더라도 꼭 생각을 실천으로 옮겨보길 바란다. 아주 작은 행동이라도 말이다. 모든 변화는 그 작은 것에서부터 시작된다. 이 책을 통해 실천을 위한 조그마한 용기라도 얻게 되었다면 더할 나위 없이 기쁘겠다. 이 책이 앞으로도 계속될 당신의 직장 생활이 순탄하지 않다고 느껴질 때나 어떤 고민이 생길 때마다 펼쳐 읽고 싶은 책으로 오래오래 당신의 책장에 꽂혀 있다면 좋겠다. 일과 삶에 대해 매일 고민하며 성장하는 여러분을 마음 다해 응원한다.

버티다 보면 괜찮아지나요?

초판 1쇄 인쇄	2024년 10월 30일
초판 1쇄 발행	2024년 11월 10일

지은이	황준철
발행인	정수동
편집주간	이남경
편집	김유진
본문디자인	홍민지
표지디자인	Yozoh Studio Mongsangso

발행처	저녁달
출판등록	2017년 1월 17일 제406-2017-000009호
주소	경기도 파주시 문발로 142 니은빌딩 304호
전화	02-599-0625
팩스	02-6442-4625
이메일	book@mongsangso.com
인스타그램	@eveningmoon_book
유튜브	몽상소

ISBN	979-11-89217-38-9　　03180